La otra
guerra

Leila Guerriero

La otra guerra

Una historia del cementerio
argentino en las islas Malvinas

editorial anagrama

Primera edición: abril 2021

Diseño de la colección: lookatcia.com

© Leila Guerriero, 2021

© EDITORIAL ANAGRAMA, S. A., 2021
  Pedró de la Creu, 58
  08034 Barcelona

ISBN: 978-84-339-1648-8
Depósito Legal: B. 3774-2021

Printed in Spain

Liberdúplex, S. L. U., ctra. BV 2249, km 7,4 - Polígono Torrentfondo
08791 Sant Llorenç d'Hortons

En 1982 la Argentina estaba gobernada por una dictadura bajo el mando del teniente coronel Leopoldo Fortunato Galtieri. El 30 de marzo el movimiento obrero convocó una marcha hacia la plaza de Mayo, en Buenos Aires. Desde 1976 el régimen militar había secuestrado y asesinado a miles de ciudadanos, suprimido el derecho a huelga y prohibido la actividad gremial. Aun así, cincuenta mil personas convergieron en la manifestación que se realizó bajo el lema «Paz, Pan y Trabajo», entre gritos de «¡Galtieri, hijo de puta!», y terminó con enfrentamientos salvajes y más de tres mil detenidos.

Apenas dos días después, el 2 de abril, en la misma plaza, cien mil ciudadanos eufóricos alzaban banderas patrias y enarbolaban carteles con la leyenda «Viva nuestra Marina», mientras un grito fervoroso avanzaba como la proa de un barco bestial: «¡Galtieri, Galtieri!» La televisión mostraba al teniente coronel abriéndose paso entre una multitud rugiente que se disputaba espacio para abrazarlo. La voz de una locutora relataba con vehemencia: «¡Ha salido el excelentísimo señor presidente de la nación a saludar a su pueblo! Todos lo han vitoreado. El señor presidente se acercó a esta multitud que lo aclamaba tanto a él como a las fuerzas armadas por la actitud histórica tomada en las últimas horas. ¡Gracias, gloriosa Armada Nacional!» La locutora, el pueblo, el teniente coronel celebraban que, horas antes, tropas nacionales habían desembarcado en las islas Malvinas, un archipiélago del Atlántico sur que llevaba 149 años bajo dominio inglés con el nombre de Falkland Islands, y cuya soberanía se reclamaba desde siempre.

Siguió una guerra corta, de setenta y cuatro días. Pocas cosas se detuvieron en el país por ese conflicto. La selección de fútbol viajó al Mundial de España y debutó el 13 de junio con un partido en el que perdió contra Bélgica. Al día siguiente, la guerra terminó. El teniente coronel Galtieri anunció la rendición de esta manera: «Nuestros soldados lucharon con esfuerzo supremo por la dignidad de la nación. Los que cayeron están vivos para siempre en el corazón y la historia grande de los argentinos [...]. Tenemos nuestros héroes. Hombres de carne y hueso del presente. Nombres que serán esculpidos por nosotros y las generaciones venideras.» Seiscientos cuarenta y nueve soldados y oficiales argentinos murieron en combate. El nombre de más de cien de ellos demoró treinta y cinco años en ser esculpido. No en la historia grande sino en una lápida.

Con esta camisa iba a bailar.

Estas son las cartas que nos mandó desde las islas.

Esta es la cadenita que le regaló la novia, el anillo de casado, el reloj, el carnet de la Armada, las fotos de la dentadura y del ataúd y de la fosa que están en el informe que nos entregaron los forenses.

Al terminar la guerra, miles de soldados regresaron a sus casas, pero, salvo excepciones, el Estado no notificó oficialmente la muerte de quienes no volvieron. Día tras día, semana tras semana, cientos de familiares recorrieron los cuarteles buscando al muerto vivo, al despedido al pie de un autobús semanas antes. Apostados al otro lado de los muros gritaban: «¿¡Alguien sabe dónde está Andrés Folch?!», «¿Julio Cao, dónde está Julio Cao?», «¡¡Araujo, soldado Araujo!!».

Entretanto, el ejército inglés, que había sufrido 255 bajas, envió a las islas a un oficial de treinta y dos años llamado Geoffrey Cardozo con el fin de ayudar a su tropa en la posguerra. Cardozo encontró un panorama inesperado: los cuerpos de los combatientes argentinos seguían esparcidos en el campo de batalla. Lo comunicó a sus superiores y, en noviembre de 1982, el gobierno británico presentó una nota a la junta militar argentina preguntando qué hacer. Según sostiene el historiador Federico Lorenz en el texto «El cementerio de guerra argentino en Malvinas»,[1] «El gobierno militar respondió [...] autorizando el entierro de sus soldados caídos, pero "reservándose el derecho de decidir, cuando sea adecuado, acerca del traslado de los restos [...] desde esa parte de su territorio al continente". Las idas y vueltas

1. En Sandra Gayol y Gabriel Kessler (eds.), *Muerte, política y sociedad en la Argentina,* Edhasa, Buenos Aires, 2015.

se debieron a que las consultas oficiales británicas incluían la palabra "repatriación", algo inadmisible para la Argentina en tanto considera a las islas parte de su territorio». Así fue como el destino de cientos de cadáveres quedó reducido a un asunto semántico: no se repatria lo que está en el suelo propio.

Geoffrey Cardozo recibió la orden de armar un cementerio. Encontró un lugar en el istmo de Darwin. Ejerciendo un oficio fúnebre para el que no tenía entrenamiento, recogió cadáveres insepultos, exhumó los sepultados, revisó uniformes buscando documentos, carnets, placas identificatorias: los rastros de la identidad esquiva. Logró reunir doscientos treinta cuerpos pero ciento veintidós de ellos –restos mudos, sin placas ni documentación– quedaron sin identificar. Los trasladó, a todos, al cementerio. Los envolvió en tres bolsas y, en la última, escribió con tinta indeleble el nombre del sitio donde habían sido encontrados. En las cruces de quienes no tenían nombre hizo grabar una leyenda: «Soldado argentino solo conocido por Dios.» Elaboró un informe minucioso y lo remitió a su gobierno que, a su vez, lo remitió a la Cruz Roja que, a su vez, lo remitió al gobierno argentino. El cementerio se inauguró el 19 de febrero de 1983. Luego, Cardozo volvió a Inglaterra. No regresó a las islas pero jamás dejó de pensar en ellas.

Yo supe cómo había muerto mi hermano veinticinco años después de la guerra.

Yo pensé que ese cementerio estaba vacío.

A mí me habían dicho que estaban en una fosa común.

Yo siempre creí que él iba a volver.

¿Cómo nadie nos dijo nada del trabajo que había hecho Cardozo?

En 1982, un militar llamado Héctor Cisneros –cuyo hermano, Mario «El Perro» Cisneros, también militar, había muerto en la guerra y cuyos restos no habían sido identificados– fundó la Comisión de Familiares de Caídos en las Islas Malvinas e Islas del Atlántico Sur que sentó una línea de pensamiento clara en relación con los caídos: todos –soldados y oficiales– eran héroes; todos los sepultados en el cementerio de Darwin eran el último bastión argentino en las islas y debían permanecer allí.

En 1983 terminó la dictadura, se restableció la democracia y la guerra quedó en la memoria como el intento agónico del régimen militar por unir al pueblo en torno a una causa épica. Ni los sucesivos gobiernos democráticos ni las fuerzas armadas entraron en contacto con –o confeccionaron un registro de– los familiares de los soldados muertos; jamás notificaron esas muertes de manera oficial ni proporcionaron datos acerca de cómo se habían producido.

En 1999, un acuerdo entre países otorgó a la Comisión de Familiares el mantenimiento del cementerio. En 2004, uno de los empresarios más ricos del país, Eduardo Eurnekian, costeó su remodelación. Reemplazó las cruces de madera por cruces blancas, hizo colocar lápidas de pórfido negro, alzó un cenotafio con los nombres de los caídos. Así, en los aniversarios de la guerra, los medios argentinos comenzaron a publicar imágenes de ese sitio de pulcritud vascular, una geometría perfecta crucificada por el viento a la que muchos creían un espacio simbólico, vacío.

Durante todo ese tiempo el oficial inglés Geoffrey Cardozo conservó una copia de su informe, convencido de que el Estado argentino lo había dado a conocer a los familiares. Pero en 2008 supo que no: que los familiares ni siquiera sabían de su existencia.

Yo me oponía a que los identificaran porque decían que querían traer los cuerpos al continente.

Yo me oponía a que los identificaran porque pensé que de mi hijo no quedaba nada.

Yo me oponía a que los identificaran porque todos se oponían.

El lunes 20 de agosto de 2018, a las ocho de la mañana, un hombre camina hacia el bar La Biela, en el barrio porteño de la Recoleta, que a esa hora aún está cerrado. La temperatura es de dos grados bajo cero pero él usa una chaqueta que no parece abrigada. Camina erguido, encendiendo una pipa. Al llegar a la esquina, con un español cargado de acento británico, dice:

–Oh, no. Está cerrado. Ven, vamos a mi hotel.

El coronel británico Geoffrey Cardozo se hospeda a metros de allí en estos días, invitado por el gobierno argentino: la cámara de senadores le ha entregado una mención de honor por haber colaborado en el trabajo de identificación de los caídos en el cementerio de Darwin. El desayunador del hotel está repleto y Cardozo tiene una agenda apretada: a las ocho y media lo espera otra periodista; a las nueve, miembros de su embajada, de modo que apenas sentarse empieza su relato en lo que, más que una reacción automática, parece un pragmatismo radical.

–Cuando fui a las islas mi jefe me ha dicho: «Geoffrey, tienes que enterrar a estos soldados, es humanitario.» Eso es normal en nuestra cultura. Al ser un país con colonias, tenemos cementerios por todo el mundo. Entonces hice un registro muy detallado, porque algo me decía «Tengo que ser muy claro porque hay tantos que no están identificados que a lo mejor en el futuro su país podrá exhumar para ver si es posible identificarlos». Me marché sintiéndome mal por no haber identificado a todos. Eso estaba en mi mente todos los días.

Veintiséis años después de la guerra, en 2008, llegó a Londres un excombatiente de Malvinas, Julio Aro, para asistir a unas jornadas sobre estrés postraumático. Le asignaron un intérprete: Geoffrey Cardozo. A lo largo de tres días, Cardozo escuchó, incrédulo, el relato de Julio Aro, que decía que ese año había ido al cementerio de Darwin por primera vez, había buscado los nombres de compañeros a los que había enterrado y no entendía por qué no estaban ni cómo era posible que hubiera tantos cuerpos sin identificar.

–Y ahí estalló mi furia –dice Cardozo–. Yo entregué ese informe a mi gobierno, que lo envió a la Cruz Roja y al gobierno argentino. Todo en 1983. Y años después veo que no sabían lo que había pasado. Una noche fuimos con Julio Aro a un pub y, después de tomar una cerveza, le di mi informe y le dije: «Sabrás qué hacer con él.»

Pero Julio Aro no entendió nada porque no hablaba una sola palabra de inglés.

El 11 de junio de 2019, a las seis y media de la tarde, Julio Aro, excombatiente y fundador en 2009 de la Fundación No Me Olvides, que brinda apoyo a personas con estrés postraumático, llega a un bar de Palermo, en Buenos Aires, con aspecto enérgico, aunque está despierto desde temprano y en dos horas emprenderá el regreso a la ciudad donde vive, Mar del Plata, un viaje de cuatro horas.

–No te preocupes. Por esto, hago cualquier cosa.

Aro fue a la guerra a los diecinueve, poco después de haber terminado el servicio militar, por entonces obligatorio.

–Al principio nadie tenía conciencia de que era una guerra. Hasta que llegó el primer ataque de los ingleses. Vimos un avión, le tiramos y se estrelló. Y nosotros a los gritos: «¡Lo hicimos mierda, esto es una pavada!» Pero el avión que bajamos era argentino. Se nos cayeron las bolas al piso. Después vinieron el frío, el hambre. Al final, era «por favor, que termine».

Cuando terminó, Aro regresó a su pueblo –Mercedes, provincia de Buenos Aires– en una larga fila de buses que demoró dos horas en recorrer los últimos kilómetros: miles habían ido a recibirlos.

–Pero después no se habló más. Tus amigos te decían: «Loco, ¿mataste algún inglés?», y después, sin esperar a que les respondieras: «Che, ¿viste que la Perla hizo tal cosa?» A nadie le importaba. La familia no te preguntaba por temor a hacerte mal. Los amigos no te daban pelota.

Pasó un tiempo metido en el alcohol, consiguió trabajo como viajante de comercio, estudió Educación Física, se mudó a Mar del Plata. La guerra era un recuerdo del que, a veces, brotaba un gemido incómodo. Hasta que en 2008 viajó a las islas, buscó los nombres de sus compañeros en el cementerio y no los encontró.

–Yo ni siquiera sabía que existía el cementerio. No entendí nada. Ese año fui a Londres con dos veteranos de guerra para unas jornadas sobre estrés postraumático. Y en esos encuentros dijimos que no entendíamos esa placa de «Soldado argentino solo conocido por Dios», que nosotros habíamos enterrado a nuestros compañeros. Me habían puesto un intérprete, el coronel Geoffrey Cardozo. Yo no sabía quién era. El último día fuimos a tomar una cerveza. Y cuando salimos del pub, Geoffrey saca un sobre y nos dice: «Sabrán qué hacer con él.» Y se va. Cuando lo abrimos estaba todo en inglés. Coordenadas, fotos terribles. No entendíamos nada. Cuando volvimos a la Argentina le pedí a una profesora que lo tradujera. Y cuando lo leí me dieron ganas de agarrar un bidón de nafta y prenderlos fuego a todos. Porque el informe mostraba dónde se habían encontrado los cuerpos, dónde estaba enterrado cada uno, y decía que se había pedido al gobierno argentino que enviara a un grupo a reconocer a los que Geoffrey no había podido identificar. Y el gobierno no hizo nada.

En el informe había un número –16.100.924– que Cardozo consignaba haber encontrado en el reverso de una medalla. Aro entendió perfectamente de qué se trataba: era un documento de identidad. Lo googleó y, en efecto, pertenecía a un hombre de diecinueve años llamado Gabino Ruiz Díaz, muerto en la guerra. Fue a una oficina de Anses, una dependencia que paga jubilaciones y pensiones, y le pidió a un amigo un favor ilegal.

–Le dije: «Necesito saber quién cobra la pensión por este soldado.» Buscó y me dijo: «Una señora que se llama Elma Pelozzo y que vive en San Roque, Corrientes.» Tenía que ser la mamá de Gabino. Agarré la camioneta y me fui a San Roque con estos dos compañeros. Y la encontramos.

San Roque está a 1.200 kilómetros de Mar del Plata. Allí, en medio del campo, Aro encontró a los padres del soldado muerto. La madre tenía los síntomas de una diabetes severa; el padre, con alzhéimer, usaba una silla de ruedas masticada por la furia del tiempo.

–Volvimos a Mar del Plata, conseguí una silla de ruedas, pañales, cama ortopédica. Y volvimos a San Roque. Le instalamos todo y le preguntamos: «Elma, ¿te gustaría saber en qué lugar del cementerio está tu hijo?» Y nos contestó: «¿Cómo no voy a querer?» Ahí dijimos: «La mamá quiere. ¿Dónde están las otras madres?»

Nadie –ni el Estado, ni el ejército– sabía

dónde estaban. De modo que tuvo que ir a buscarlas.

–Pero antes fui a ver a Luis Fondebrider.

La oficina de Luis Fondebrider, el presidente del Equipo Argentino de Antropología Forense (EAAF), parece un sitio del que alguien se estuviera llevando cosas de a poco. Hay dos muebles con libros, un escritorio pequeño, un sofá y sobre él, como una gota acechante, un reloj redondo. El espacio es casi aséptico comparado con la oficina que ocupaba en el edificio antiguo del barrio de Once donde el Equipo funcionó hasta 2017, cuando se trasladó a este sitio de simbolismos espesos. Al igual que la Secretaría de Derechos Humanos, el EAAF está en el predio de la ex Escuela de Mecánica de la Armada, donde funcionó un centro de detención clandestino durante la dictadura militar. Para este grupo que existe desde 1984 con el objetivo de aplicar la antropología forense a casos de violencia de Estado, violación de derechos humanos y delitos de lesa humanidad, mudarse aquí fue un bucle paradójico y extraño.

–Nosotros siempre dijimos que desde lo práctico y lo técnico la identificación era posible –dice Fondebrider, uno de los fundadores del Equipo–. Cuando vino Julio Aro a plantearnos si podía hacerse, le dijimos que sí. Eran fosas ordenadas en un lugar acotado, potencialmente existían muchas muestras de ADN. Pero ningún político quería debatirlo.

Había que salvar obstáculos –buscar familiares que no figuraban en ningún registro oficial, exhumar muertos en territorio bajo dominio británico–, pero era posible y parecía una tarea noble. Identificar, llenar una tumba de recuerdos. Saber que en esa, y no en aquella otra, están el hijo, el padre, el hermano. Hacer los ritos de la muerte ante la cruz correcta. ¿Quién podía oponerse a eso?

La periodista Gabriela Cociffi era, en 2008, directora de *Gente,* una revista popular dedicada, sobre todo, al espectáculo. Había cubierto la guerra a los veintitrés años y, desde entonces, jamás había abandonado el tema. Julio Aro la contactó, le habló del informe de Cardozo, de su visita a la madre de Gabino, de su intención de buscar a las demás. Cociffi le dijo: «Hagámoslo.» Guiados por el hilo evanescente de datos dispersos empezaron a recorrer, los fines de semana, ciudades y pueblos. El método era rústico, impropio: llegaban, preguntaban «¿Hay alguna familia con un soldado caído?», y rastreaban siguiendo pistas vagas: «Pregunte en la panadería.» Encontraron padres viejos que habían reconstruido la muerte de sus hijos como quien hilvana un cotilleo antiguo; o que conservaban la esperanza de que anduvieran por ahí, desmemoriados; o que no tenían fuerza para recordar. Ninguno había recibido notificación oficial de esos fallecimientos ni datos acerca de cómo se habían producido, jamás habían sido contactados por funcionarios de ningún gobierno ni por el ejército que había llevado a sus hijos a la guerra. Pero casi todos decían que sí: que querían saber, que estaban dispuestos.

Sin embargo, un grupo se opuso de manera categórica a que las identificaciones se llevaran adelante: los padres y las madres de la Comisión de Familiares de Caídos.

Decían que iban a desenterrar todos los cuerpos y los iban a traer al continente.

Decían que era un plan de los británicos para vaciar el cementerio y sacar la presencia argentina de las islas.

Decían que iba a ser un carnaval de huesos.

Para nosotros eran todos héroes y no necesitábamos saber dónde estaba cada uno.

Los años pasaron. Aro y Cociffi siguieron viajando. La Comisión, cada tanto, emitía comunicados que decían que «las pericias genéticas sobre esos restos han sido rechazadas por los Familiares, por carecer de sentido, provocar la reapertura de sufrimientos innecesarios entre los deudos y hacer peligrar la permanencia de los restos de los Héroes en el lugar en el que deben permanecer a perpetuidad». A esa postura se sumaron varios grupos de excombatientes. En 2010 se desclasificaron documentos que develaron que Héctor Cisneros, el presidente de la Comisión, había sido agente de inteligencia del batallón 601 del ejército durante la dictadura. Al conocerse esa información, Cisneros renunció y asumió en su lugar Delmira Haselclever de Cao, madre del soldado fallecido –no identificado– Julio Cao. Ella, como Cisneros, se opuso a las identificaciones, basándose siempre en el argumento de que el objetivo final y no confesado de la exhumación era trasladar los cuerpos al continente, lo que implicaba poner fin a la presencia argentina en las islas.

Aro y Cociffi habían intentado acercamientos a la presidencia, que por entonces detentaba Cristina Fernández de Kirchner, pero el gobierno –cuyo apoyo era insoslayable– no tenía interés en abordar un tema en el que se mezclaban una guerra declarada por la dictadura, caídos entre los que había soldados rasos y oficiales, y una comisión fundada por un militar que había trabajado en los servicios de inteligencia.

–A mí Cristina Kirchner me dijo: «Lo que pasa es que las madres de Malvinas no se organizaron como las madres de Plaza de Mayo» –dice la periodista Gabriela Cociffi, hoy directora editorial de *Infobae*–. Las madres de Malvinas viven en la Patagonia, en Corrientes, en circunstancias de pobreza extrema, algunas no saben leer ni escribir. Perdieron un hijo en la guerra, ¿y además se tienen que organizar para que el Estado las mire?

–¿Fue una sorpresa que la Comisión de Familiares se opusiera?

–Fue una enorme sorpresa. Igual, a mí me puede parecer mejor identificar, pero si la persona que sufre el duelo siente otra cosa, está bien. Pero me molestó cuando se dijo «Todo esto lo hacen para traer los cuerpos al continente y acabar con la presencia argentina en Malvinas», o «Eso es un cementerio falso, todos están metidos en una fosa común, Geoffrey Cardozo miente, Cociffi y Aro trabajan para los ingleses».

«Las controversias sobre el relato acerca de la guerra revitalizaron un hecho evidente: que el país que había sido derrotado en la guerra de Malvinas era el país de la dictadura tanto como el de la causa nacional, y que sus héroes en la guerra contra los británicos, en muchos casos, también habían participado en la represión ilegal, en nombre de la misma patria», escribe Federico Lorenz.

Finalmente, las cosas se pusieron en movimiento como consecuencia de un mail enviado sin esperanzas a un músico inglés. En diciembre de 2011, Gabriela Cociffi le escribió a Roger Waters, ex de Pink Floyd, que daría una serie de recitales en la Argentina: «Le pedimos que ayude a estas madres de Malvinas que desde hace más de treinta años no tienen dónde dejar una oración o una flor.» Lo envió sin saber que él, conocido por involucrarse en causas relacionadas con derechos humanos, ignoraba dónde estaba enterrado su propio padre, caído durante la Segunda Guerra Mundial. Dos días después, el músico le respondió: «Tengo una reunión con tu presidenta. Decime qué necesitás que le pida.» El 6 de marzo de 2012, Waters se reunió con Cristina Kirchner y le pidió por los soldados argentinos no identificados. Al día siguiente, Cociffi fue citada desde el gobierno. Le dijeron que si el 26 de marzo llevaba veinte cartas firmadas por familiares que solicitaran la identificación era posible –solo posible– que la presidenta lo considerara. En trece días, Aro y Cociffi regresaron a ciudades y pueblos, consiguieron treinta y siete cartas, las entregaron. Y el 2 de abril la presidenta anunció que había dirigido «una carta al titular de la Cruz Roja Internacional para que tome las medidas pertinentes e interceda ante el Reino Unido para poder identificar a los hombres argentinos y aun ingleses que no han podido ser identificados, porque cada uno merece tener su nombre en una lápida». Poco después, aun cuando no había ningún acuerdo firmado entre Inglaterra y la Argentina, ante el pedido de la presidenta la Cruz Roja armó un grupo de trabajo formado por el Equipo Argentino de Antropología Forense, el Ministerio de Justicia y el de Desarrollo Social y el escribano público de la nación. Como ya lo habían hecho Aro y Cociffi, y con los datos proporcionados por ellos, el grupo empezó a viajar por el país buscando familiares, tomando muestras de ADN, preguntando si, en caso de que se llevara adelante el proyecto y la identificación resultara positiva, querían, o no, llevar el cuerpo al continente.

Entonces empezaron los problemas de verdad.

–Qué lío que hay en mi escritorio –dice Virginia Urquizu, sentada ante un escritorio ordenado y quitándole el sonido al teléfono.

La oficina que ocupa en el Equipo Argentino de Antropología Forense está junto a la habitación donde, en condiciones de temperatura y humedad controlada, se guardan los restos de los desaparecidos durante la dictadura aún sin identificar. Urquizu tenía ocho años cuando se declaró la guerra, pero aun así recuerda los simulacros de bombardeos, los oscurecimientos nocturnos. Está en el Equipo desde 2007 y viajó desde 2013, durante dos años, haciendo entrevistas con los familiares en las que, además de tomarles una muestra de sangre para el ADN, se les preguntaba por las características físicas de los caídos que pudieran ayudar a identificarlos: altura, peso, arreglos odontológicos.

–La primera entrevista que hicimos salió bien, se hizo en Mar del Plata con una familia conocida de Julio Aro. Pero la segunda fue un desastre. Era con la mamá de un caído que era hijo único. Tocamos timbre. Un hombre respondió: «Soy el hijo, ya bajo.» Dijimos: «Acá pasa algo raro.» El caído no tenía hermanos. Adentro estaba la mamá con otros hombres que se presentaron como hijos de ella y hermanos del caído. Eran excombatientes que venían a presionar a la madre para que no diera la muestra. Nos agredieron, nos dijeron que ellos no iban a permitir que eso se hiciera, que éramos profanadores de tumbas, que era un manejo para traer los restos al continente. La mujer no hablaba. Solo dijo: «Yo voy a hacer lo que mis hijos digan.» Y no dio la muestra. Volví llorando, porque nos sentíamos trabajando en la clandestinidad y nosotros estamos habituados a trabajar de otra manera.

Desde ese momento, Julio Aro propuso ir antes a las casas de los familiares, hablar, explicar, preparar el terreno para la llegada del Equipo. Y así se hizo. En San Roque, Colonia Pando, Mercedes, Tres Isletas, Presidencia Roque Sáenz Peña, Catamarca, Salta, Bariloche, José León Suárez, Lomas de Zamora.

–Hubo familias que no dieron la muestra porque la Comisión de Familiares iba antes y les decía: «No lo hagan, esto lo está utilizando el kirchnerismo para negociar con los ingleses, van a sacar los cuerpos de ahí, los van a traer al continente y van a cerrar el cementerio» –dice Luis Fondebrider–. Algunos organismos de derechos humanos, como las Madres de Plaza de Mayo, habían ido a las islas, habían visitado el cementerio y hablaron de los caídos como de NN. La Comisión se opone a que los llamen así porque dicen que no son desaparecidos. La palabra «desaparecido» en la Argentina tiene connotaciones que remiten a la dictadura, y varios de los héroes de Malvinas fueron represores. Es difícil de procesar: un héroe de la patria que antes torturaba y mataba.

Nuri Quinteiro, que integra el Equipo Argentino de Antropología Forense desde 2010, hizo la entrevista con Héctor Cisneros, el militar y expresidente de la Comisión cuyo hermano, Mario «El Perro» Cisneros, también militar, había muerto en Malvinas.

–Cisneros dijo: «Yo vine acá para decirles que no voy a dar la muestra, que estoy absolutamente en desacuerdo con el trabajo que van a hacer y que voy a hacer todo lo posible para que no se realice.» Yo me quedé dura. Fue muy intimidatorio. Decía que ese cementerio no se tenía que tocar, que íbamos a profanar las tumbas. Uno respeta a las personas que no quieren dar la muestra. Pero que dijera que iba a hacer todo lo posible para que no se hiciera...

–¿Te pareció que podía ser verdad?

–Me pareció que el tipo podía ser capaz de cualquier cosa.

Mientras, desde un cementerio casi siempre solo, los muertos irradiaban muertes que ya eran mucho más largas que sus vidas.

Es un día de sol y en la oficina de la Procuración General de la Nación donde trabaja Carlos Somigliana todo parece embutido a empujones: los dos escritorios, las tres sillas, el sofá, las torres de papeles. Sin embargo, la ventana abierta que da a los techos de los edificios cercanos deja entrar una luz sana que le da al conjunto un aire amplio y campestre.

Somigliana es abogado y forma parte del Equipo Argentino de Antropología Forense desde 1984. Recuerda los tres años durante los que recorrió el país entrevistando familiares con la felicidad de quien emprendió un viaje a una tierra fantástica.

–El trabajo no era clandestino, pero parecía. Se sobreentendía que esto era oficial pero se manejaba con perfil muy bajo. Supongo que porque agitar la cuestión Malvinas siempre es algo que trae cola, y porque todavía no había acuerdo entre los países. A veces teníamos que pagarnos la nafta, el hotel. Había gente que te decía: «No, claro, la causa Malvinas, cuestión nacional.» Y nosotros estábamos en el medio de una ruta sin guita para la nafta. Si lo pensás profesionalmente, es horrible. Pero era hermoso. La recepción de la gente era entrañable. Nos esperaban con empanadas, guisos. Era difícil porque había que manejar la expectativa. Uno les decía que había posibilidad de que el gobierno argentino acordara con el británico para que se pudiera hacer el trabajo de exhumación, pero que eso podía ser en un año, en diez o nunca. Y había gente muy grande y muy hecha mierda. Yo fui una vez al Chaco a ver a una madre que se negó. Estaba muy enferma, en medio del monte. Eran de la comunidad *qom,* no hablaban español. Y ella decía que todo lo que los blancos le habían traído a su pueblo era malo y que no quería nada más. En ese momento, la Comisión de Familiares estaba taxativa y militantemente en contra, diciendo que este trabajo iba a ser un carnaval de huesos.

Tres años después de que el grupo empezara a entrevistar familiares, en 2016, y bajo el gobierno de Mauricio Macri, se firmó el acuerdo entre la Argentina, Gran Bretaña y el Comité Internacional de la Cruz Roja. Se estableció que se trabajaría con peritos argentinos, ingleses y españoles; que solo se abrirían las tumbas no identificadas; que los cuerpos debían exhumarse e inhumarse el mismo día (por el temor de los familiares a que los retiraran del cementerio); que el trabajo se haría en el invierno austral de 2017 (a pedido de los isleños, que no querían ver afectada su temporada de verano). El acuerdo se llamó Plan de Proyecto Humanitario.

En octubre de ese año, Delmira Cao dejó la presidencia de la Comisión de Familiares y la asumió María Fernanda Araujo, cuyo hermano, Eduardo Araujo, era uno de los caídos sin identificar. Ella, como sus predecesores, se opuso a las identificaciones. Pero en junio de 2017, de todas maneras, el Plan de Proyecto Humanitario se puso en marcha.

«Llegué a las islas el 9 de junio de 2017», escribe desde Suiza, donde vive, Morris Tidball-

Binz, uno de los fundadores del Equipo Argentino de Antropología Forense, creador de la Unidad Forense de la Cruz Roja Internacional y quien dirigió la operación del Plan de Proyecto Humanitario. «Mi nivel de adrenalina en circulación estaba al máximo. [...] Una frase de mi diario, con fecha 14 de junio 2017, lo ilustra: "Día gris, incluso anímicamente: se acumulan los imponderables y las dudas sobre la operación forense, al igual que la nieve, que lo cubre todo, incluso las posibilidades de iniciar el trabajo."»

En medio de un paisaje de estoicismo violento, el CICR creó junto al cementerio un laboratorio repartido en cuatro containers: oficina, morgue, baño y cocina, depósito, todos equipados con agua, electricidad, internet.

–Antes de ir habíamos investigado cómo aparecían los cadáveres en el frío –dice Luis Fondebrider–, pero nadie había visto un cadáver de treinta y ocho años a esa profundidad. No se sabía cómo se podía comportar. Y cuando vimos que Cardozo los había puesto en dos o tres bolsas, que había escrito los nombres de los lugares donde los había encontrado, nos dimos cuenta de que, si todo se comportaba así, iba a ser muy sencillo.

Cavaban, sacaban el ataúd, trasladaban el cuerpo a la morgue, hacían radiografías, tomaban muestras de ADN. En algunos casos, recuperaban objetos: aguja, hilo, cigarros. Y documentos de identidad.

–Aparecieron algunos documentos en las capas interiores de ropa que Cardozo no encontró porque estaba trabajando en condiciones muy difíciles –dice Fondebrider–. Un día estaba revisando un cuerpo, saco un documento y veo que el chico se llama Araujo. Era el documento del hermano de María Fernanda Araujo. La presidenta de la Comisión, que se oponía al proyecto y que no había querido dar la muestra.

Poco después, en otro cuerpo, encontró el documento de Mario Cisneros.

–El hermano de Héctor Cisneros, el expresidente de la Comisión que tampoco había dado la muestra. Lo googleamos y vimos que el caído estaba investigado por su participación en la dictadura. Y dijimos: «Qué quilombo.» No podíamos asegurar que fueran ellos, pero había que entregarles los documentos a las familias y preguntarles de nuevo si querían dar la muestra.

Se analizaron los restos de 122 soldados argentinos, exhumados de 121 sepulturas (en una de las fosas había dos cuerpos), y se enviaron muestras a tres laboratorios. Los primeros resultados llegaron en diciembre.

Elma Pelozzo, la primera de las madres a las que Julio Aro había entrevistado, recibió la notificación en su pueblo de Corrientes. Con las piernas amputadas por causa de la diabetes, escuchó, en el colegio que lleva el nombre de su hijo y acompañada de vecinos, la notificación del resultado: «Las características físicas [...] son consistentes y no muestran discrepancias excluyentes con los datos *antemortem* disponibles aportados por los familiares, lo que permite concluir que los restos inhumados en la ubicación señalada corresponden a quien en vida fuera Gabino Ruiz Díaz.»

La mujer que, acompañada por excombatientes, se había negado a dar la muestra, accedió a hacerlo años después y recibió la notificación en un geriátrico, enferma de alzhéimer. Resultó positiva pero quienes se la leyeron no pudieron saber si entendía, o no, lo que le estaban diciendo.

La familia Cisneros recibió la visita de Carlos Somigliana, que viajó hasta la provincia en que vivían, Catamarca, para entregarles el documento de Mario Cisneros. Las hermanas del caído aceptaron dar la muestra y poco después les notificaron la ubicación exacta de la tumba de su hermano.

En tres meses, se realizaron noventa identificaciones positivas. El 26 de marzo de 2018 se organizó un viaje a las islas –costeado por el empresario Eduardo Eurnekian– con las primeras familias que participaron del muestreo. Llegaron a la base militar de Darwin y, desde ese sitio, fueron conducidos en combis hasta el cementerio. Allí descendieron y caminaron en silencio hacia las lápidas como un río cauteloso que vuelve a un cauce seco. Tres horas más tarde regresaron al continente. Muchos habían recogido piedras de las tumbas, pero los obligaron a desprenderse de ellas en el control de seguridad. Unos pocos lograron esconder algunas en las medias o los zapatos.

La Comisión de Familiares, para entonces, no había cambiado su postura y continuaba oponiéndose a las identificaciones.

Es un día de junio de 2019 y en Buenos Aires cae una lluvia imperial. Eduardo Eurnekian está sentado a la cabecera de una gran mesa, en un piso alto de la Corporación América, en el barrio de Palermo. Posee una de las mayores fortunas de la Argentina –gestiona, entre otras cosas, más de cincuenta aeropuertos–, y tiene ochenta y seis años. A su lado está Roberto Curilovic, piloto naval, excombatiente y héroe de Malvinas, un hombre que exuda esa clase de prolijidad que va más allá del aspecto y abarca hábitos, conductas. Una prolijidad como una opinión. La leyenda cuenta que ambos eran amigos desde antes de la guerra, y que lo que Eurnekian hace por el cementerio lo hace en honor a esa amistad, pero es una leyenda falsa. Curilovic entró a la empresa en 2001 para reorganizar el espacio aéreo. Recién en 2005 Eurnekian, que no lo conocía de antes, le encomendó articular las relaciones entre la Corporación América y la Comisión de Familiares. No fue un mal cálculo: Curilovic es héroe de guerra –el 25 de mayo de 1982 hundió el buque británico *Atlantic Conveyor*–, y los familiares de la Comisión sienten respeto por él. En 2004, Eurnekian remodeló el cementerio, emplazó una cruz blanca de tres metros y un cenotafio que hubo que armar en la Argentina, trasladar a Uruguay y llevar a las islas con un barco noruego (nada de bandera argentina puede entrar a las islas). Como los vuelos comerciales a las Malvinas son pocos y muy caros (el equivalente a un pasaje

Buenos Aires-Madrid), Eurnekian organizó más de seis viajes de familiares desde 2006, rentando los aviones. Él dice que la respuesta a la pregunta de por qué hace esto es sencilla.

–En el año 82 nadie podía dejar de apoyar el esfuerzo de recuperar las islas. Yo no creo que el camino hubiese sido la violencia, pero así se dio. En ese momento se vivió una extraordinaria euforia patriótica. Pero en 2003 me llama el embajador de Inglaterra en Argentina y me cuenta que los familiares estaban realizando desde hacía años esfuerzos para poder viajar y tener un cenotafio, y que nadie les hacía caso. Esa despreocupación de la sociedad contrastaba con la euforia de veinte años atrás. Yo no lo podía entender. Y dije: «Lo hacemos nosotros.» Y así lo hicimos.

–Financiar esos viajes parece responsabilidad del Estado, no de un empresario.

–No. Yo pienso diferente. La apatía del Estado no me gusta, pero es lo que hay. La bronca mía es pensar cómo no hubo un empresario que se haya solidarizado con este esfuerzo antes. Todos participaron de la gesta de una manera muy emotiva y luego se olvidaron.

–¿Y cuál era su postura en relación a las identificaciones?

–Es muy triste ser familiar de un caído y que digan «Está tirado por ahí». Nos pareció muy humano. Correctísimo. Es lógico que así sea.

El 9 de mayo de 2019 la avenida que pasa a una cuadra de la casa de Raquel Folch, en José León Suárez, un suburbio de la ciudad de Buenos Aires, está inundada. Son las cinco de la tarde pero el cielo está oscuro como el interior de un horno cubierto de cenizas. Raquel Folch espera en la puerta, en la calle que lleva el nombre de su hermano muerto: Soldado Andrés Aníbal Folch.

–Pensamos que no ibas a llegar porque acá es difícil cuando llueve.

Dentro, en la sala, hay una luz cerúlea. Carmen y Ana, hermanas de Raquel, están sentadas a un lado y otro de una mesa pequeña sobre la que hay un termo, mate. Carmen es la mayor. Lleva una campera de lana pudorosa, abotonada hasta arriba. Ana, un suéter rojo y una carpeta de plástico apretada contra el pecho.

–Acá guardo todo lo de mi hermano.

A lo largo de horas sacará de esa carpeta revistas barriales con poemas dedicados a su hermano muerto; fotos de su hermano muerto; fichas técnicas que certifican la identificación de su hermano muerto; cartas que enviaba desde Malvinas su hermano muerto: las pruebas de que su hermano estuvo vivo.

–Pobre mi hermano, que no mataba a un pajarito –dice Raquel–. Flaquito, era. Talle de pantalón tenía 38.

Raquel y Carmen trabajan limpiando casas y criaron a sus hijos –cuatro Carmen, dos Raquel– solas. Ana dejó de trabajar cuando se casó con un ingeniero.

–Ella es la única que tuvo suerte –dice Raquel– A ninguna de nosotras nos fue bien.

Ana tiene voz aguda, quebrada por sollozos como vagidos que contrastan con su verborrea marcial. Fue la primera que, a los trece, migró a Buenos Aires desde la provincia de Tucumán, harta de que en el ingenio azucarero donde trabajaban les pagaran con vales.

–Nunca teníamos plata. Así que me vine. Después vino mi mamá, Silveria. Mi papá, Francisco. Mi hermanito.

Ana llora en seco un berrido sin lágrimas cuando recuerda al otro hermano que murió de leucemia, y al que murió al caerse de una escalera, y a la vida que, alguna vez, fue una vida en la que estaban todos.

–Cuando cosechábamos comíamos cerca de la caña de azúcar. Mi papá nos tenía a todos como pollitos.

–Nos llevaban a cosechar papa, batata –dice Raquel, como si pidiera disculpas o permiso–. Y para nosotros era un juego. Escarbar la tierra porque estaba flojita. Mi mamá tenía un terreno donde sembraba verdura. Tenía como cien gallinas. Cuando salía a tirarles maíz, bajaban de los árboles, parecían aviones. Mi papá cazaba palomas y nos hacía una parrilla llena de palomas. Eran de ricas, de dulces...

Todo eso –el río, la zafra, las gallinas– terminó cuando vinieron a Buenos Aires. Las mujeres empezaron a trabajar como empleadas domésticas, los varones en lo que hubo. Después de un tiempo, reunieron el sueldo de todos y compraron un terreno que resultó un barrial. Pero tenían casa, trabajo, estaban juntos.

–Hasta que Andrés tuvo que hacer el servicio militar, en 1981 –dice Raquel–. Odiaba hacer la conscripción, odiaba a los militares.

En marzo de 1982, quince días antes de las Pascuas, Andrés Folch salió del regimiento para visitar a su familia.

–Vino y dijo: «Bueno, las Pascuas las pasamos juntos» –dice Raquel–. Pensaba que le iban a dar la baja. Y lo esperamos, pero no vino. Entonces, Ana y el marido fueron a ver qué pasaba. Y había sido que ya se lo habían llevado para Malvinas.

–Ya los habían llevado al aeroparque –dice Ana–. Y no nos pudimos ni despedir. Le mandamos tres encomiendas y le llegó una. Las otras me las devolvieron cuando terminó la guerra. Me llamaron y me dijeron: «Venga al regimiento que hay algo.» Pensé que era la ropa. Y no, eran las dos encomiendas que le habíamos mandado. Yo nunca les dije a ellas, pero a veces pienso que si hubiéramos estado en Tucumán no le hubiera tocado ir a Malvinas. La culpa la tuve yo, que lo traje acá.

Carmen y Raquel la miran sin sorpresa, como si enterarse de que su hermana se cree culpable de esa muerte fuera otra fantástica desgracia de las tantas que hubo.

–¿Cómo vas a pensar eso? –dice Carmen.

Ana, sin contestar, gime como si le faltara un órgano, con ese rugido itinerante entre la asfixia y el dolor, y saca de la carpeta las fotos de su hermano, los poemas, las cartas que mandó desde las islas. La letra es despareja, y en la redacción se nota la rigidez del estilo epistolar que se enseñaba en los colegios: «19 de abril de 1982. Queridos padres, quiero contarles un poco de cómo lo estoy pasando, con un frío de grados bajo cero y poca comida. Pero nos las rebuscamos con algunas gallinas, pollos y otras cosas más que nos brinda el terreno. [...] No sé cuándo voy a volver. Tal vez será 15 días como varios meses. [...] Perdonenmé porque no les pude ir a ver cuando estaba en el regimiento, sino es que estaba encuartelado desde casi un mes antes de venir para acá a las islas Malvinas. Queridas viejas, quiero que si por favor me mandarían una encomienda con latas de picadillo, galletitas, queso Adler, velas.»

La familia Folch supo del fin de la guerra por televisión, y del regreso de los soldados porque se corrió la voz.

–Dijeron que volvía ese regimiento –dice Carmen–. Así que la llamé a Ana y le dije: «Ya están acá.»

–Fuimos con mi marido, mis hijos, mi papá, mi mamá –dice Ana–. Íbamos haciendo planes para hacer un asado. Llegamos. Empezamos a preguntar por mi hermano. Gritábamos: «¡Folch, Folch!» Pero no nos decían nada. Hasta que se acercó un mayor y dijo: «No lo busque. Él murió en Malvinas.»

–Él siempre venía en el colectivo 190 y bajaba en la esquina –dice Raquel–. Por años esperé verlo bajar. Después pensé que por ahí estaba herido o que había perdido la memoria.

–Yo estuve esperándolo muchos años –dice Ana–. Una vez un señor vino a mi casa. Me dijo: «Vengo buscando a la familia Folch.» Yo enseguida le dije: «¡¿Qué, mi hermano está vivo?!» Y me dice: «No, queremos poner un recordatorio.» Pero de todos los presidentes que pasaron, jamás se acercó nadie a decir algo.

–Se los llevaron, los dejaron allá tirados, y como si no hubiese pasado nada –dice Raquel.

En algún momento, los vecinos hicieron gestiones para que la calle llevara el nombre del caído, y a ellas les pareció bien. En 1999, su padre murió por una úlcera perforada. En 2003, un soldado que las había buscado durante décadas las encontró y, por él, supieron que su hermano había fallecido el 14 de junio en un bombardeo. Ese año, Ana viajó a Malvinas en uno de los viajes organizados por Eurnekian, escribió el nombre de Andrés en una piedra y la dejó sobre una lápida cualquiera. Y en 2013 Raquel recibió un llamado.

–Eran de derechos humanos para ver si quería hacer el ADN. Me puse contenta, les dije que sí enseguida. Pero no les había preguntado a ellas.

–Nosotras no estamos en la Comisión pero dijimos que no –dice Ana–. Porque se decía que iban a traer los cuerpos al continente.

–¿De dónde salía esa información?

–No sé. Pero se decía. Yo llamé a los veintidós familiares que habían ido conmigo a Malvinas y les dije que no dieran la muestra, que el plan era traerlos al continente

–Yo fui la primera que dije no –dice Carmen–. Pero unos años después vi en la tele al señor que explicaba cómo habían hecho el trabajo, que mostraba cómo los habían puesto en las tumbas, y les dije a ellas: «Esto es algo serio, tenemos que dar la muestra.» Así que fuimos.

–Fuimos las tres juntas –dice Ana–. Y después nos llamaron para la notificación. Yo sabía que podía ser que estuviera o que no. Pero estaba.

–Yo no paraba de llorar –dice Raquel–. Carmen y yo fuimos al viaje que se hizo en marzo de 2018. Yo veía todo ese campo, que no había nada de nada. Lo que sufrió, lo que habrá sufrido. Todo montaña. No hay animales, no hay árboles. ¿Dónde se iban a esconder esos chicos? Yo junté unas piedritas del cementerio. Pero los ingleses me sacaron todo cuando volvía.

–Pero sabiendo que el cuerpo está ahí ya nos sacamos todas las dudas que teníamos –dice Carmen.

–Para mí es igual de triste –dice Raquel–. Fue un chico tan bueno, tan sano. No fue fácil su infancia, y tuvo que haber ido a sufrir tanto tiempo en la guerra y haberse quedado allá. Una guerra inútil. Me acuerdo el día que Galtieri hizo ese acto en el obelisco. Mi hermano estaba en la guerra y yo veía la calle llena de gente con las banderas. En los noticieros todo era: «No es nada la guerra, vamos ganando.»

–¿Te quedó algo de tu hermano?

–Casi nada –dice Raquel.

Se pone de pie, entra a una pieza bañada por luz agónica y busca algo en un palo del que penden perchas. Regresa con un chaleco de jean marca Lois, de moda en los ochenta.

–Esto es lo único que me quedó de él –dice, sosteniendo el chaleco vacío.

Las cosas que llevaban. Cigarrillos. Peines. Crucifijos de plástico. Un pañuelo de tela escocesa con una puntilla alrededor. Relojes. Anillos. Estampitas. Cuchillos. Golosinas. Aguja. Hilo.

Cosas que volvían a las familias: encomiendas sin abrir, cartas póstumas, rumores.

Nunca noticias ciertas. Nunca un cuerpo.

El 15 de abril de 2019 a las 13.44 llega un mensaje de María Fernanda Araujo, presidenta de la Comisión de Familiares: «Hola, no voy a poder ir mañana, lo tendremos que dejar para la semana próxima. Mil disculpas.» El 29 de mayo a las 12.22 llega otro mensaje: «Hoy no vamos a poder reunirnos. Me operaron del pie.» El 12 de junio a las 0.13 llega otro mensaje: «Perdón la hora pero es para avisarte que mañana no estamos. Arreglamos para más adelante. Besitos y disculpas.» Al día siguiente atiende el teléfono y explica que la cancelación se debe a que tiene que asistir a un acto.

–¿No querés venir a la conmemoración de la batalla de Monte Longdon? Se hace en el regimiento 7 de La Plata. Se ponen las cruces de los caídos y a las 17.45, cuando va cayendo el sol, empiezan los bombazos y los balazos y un soldado se pone atrás de la cruz de mi hermano y dice: «¡Soldado Araujo, presente!» No sabés lo lindo que es.

María Fernanda Araujo, hermana del soldado Eduardo Araujo, viaja cada año sesenta kilómetros desde Buenos Aires hasta el regimiento 7 de La Plata, pernocta en el cuartel
con otros familiares de la Comisión, y al día
siguiente ve el atardecer entre el estruendo de
las bombas y las balas que imitan a las que mataron a su hermano.

–Yo odiaba a los militares. Pero mi hermano amó ese uniforme. ¿Por qué lo voy a odiar
yo? ¿Por dos o tres idiotas que mataron gente?
Mi hermano hizo el servicio militar en el 81, y
juró defender su patria. Papá nos educó en que
la palabra se cumple. Sin embargo, cuando
convocaron a mi hermano papá dijo: «Vámo-
nos a vivir a Paysandú», en Uruguay, para que
no tuviera que ir a la guerra. Y mi hermano
dijo: «No, papá, vos nos educaste en que la palabra se cumple.» Y mi papá se tuvo que meter
las palabras en el culo.

María Fernanda Araujo tenía nueve años al
comienzo de la guerra. El día en que su hermano fue a tomar el ómnibus para ir al regimiento ella se le prendió al cuello y le dijo: «Quiero
ir con vos.»

–Me dijo: «No podés venir, pero te prometo
que voy a volver.» Ese fue el error más grande

que pudo haber cometido. Porque yo me quedé esperando. Se fue, y me quedé en esa casa de adultos trastornados.

Cuando la guerra terminó, ella y su padre fueron a buscar a Eduardo al regimiento. Él la hizo treparse a sus hombros y le dio una orden: «Gritá Araujo.» Lo buscaban vivo.

–Y yo grité. «¡Araujo, Araujo!» En un momento un soldado le dice a mi papá: «Ese muchacho estuvo con Araujo.» Mi papá se acerca y le pregunta: «¿Dónde está Araujo?» Y el soldado le dice: «No va a venir.» Y mi papá: «¿Por qué, viene en otro avión?» Y el muchacho se pone a llorar y un compañero lo abraza y se lo lleva. Mi papá volvió a casa, la miró a mi mamá y, sabiendo eso, no se lo dijo. Mi mamá lo siguió buscando por todas partes pensando que estaba perdido, desorientado. En la mesa había siempre un plato vacío con un portarretrato y la foto de Eduardo. Había que brindar con el retrato. Si íbamos a un restaurante, mi viejo llevaba el portarretrato, lo levantaba y tenías que golpearlo con la copa. Murió en 2012, todo cortado. Le cortaron las patas. Se chupaba todo y fumaba tres paquetes de cigarrillos por día.

María Fernanda se casó, tuvo hijos, se divorció, intentó suicidarse algunas veces. En

2003 dio con un cabo que había estado con su hermano y que le contó cómo había muerto.

–Este hombre está lleno de esquirlas en las piernas y hay una esquirla que la tengo yo. Esa esquirla es de la bomba que mató a mi hermano.

El 30 de noviembre de 2007 mezcló rivotril, cereza y k-othrina, un veneno para cucarachas. La mezcla no la mató pero la mandó a una clínica psiquiátrica. Después trabajó en una peluquería, en una juguetería, y finalmente como secretaria en la Comisión de Familiares mientras Cisneros era presidente.

–En la Comisión nos oponíamos cien por cien a las identificaciones. Es una historia triste. Delmira Cao era presidenta, pero la cabeza era un veterano de guerra, César Trejo, que se apoderó de la institución. Lo que pasó es que el CECIM, un centro de excombatientes de La Plata que quería la identificación, empezó a hablar de que los caídos eran NN, desaparecidos. Y yo decía: «Mi hermano no es desaparecido de la dictadura, murió en una guerra.» Y César Trejo aprovechó y empezó a meter fantasmas. Decía: «Si no aparecen los van a hacer pasar por desaparecidos; y si aparecen van a querer traer los restos.» Pero un día le pregunté a mi mamá si ella quería hacerlo. Me dijo:

de Aro es a través de una fundación y a todo lo que venga de fundaciones le tenemos cierto rechazo.

–¿Por qué?

–La realidad es que nunca nos pusimos a averiguar de dónde obtiene los fondos.

–Tampoco tienen buena relación con otros grupos de excombatientes. ¿Cuál es el conflicto entre estos grupos?

–En la Confederación de Veteranos de Guerra, por ejemplo, hay soldados y militares. Ellos dicen: «Son todos héroes.» Nosotros no nos consideramos héroes. Los únicos héroes son los caídos. Pero muchos excombatientes ahora desfilan con torturadores. Nosotros no. No voy a desfilar con un oficial que torturó o se alzó contra la democracia. Nosotros denunciamos durante mucho tiempo que la Comisión estaba cooptada por las fuerzas armadas. Cisneros era un tipo que trabajaba para los servicios de inteligencia. Y después vino César Trejo, que se oponía a la identificación diciendo que éramos agentes ingleses.

Claudio Avruj, el secretario de Derechos Humanos de la Nación durante la presidencia de Mauricio Macri, es un hombre alto de rostro rudo y mirada reticente. La taza de café que revuelve en la sala de reuniones de la Secretaría parece un cachorro apichonado entre sus manos grandes. Es junio de 2019.

–En la Comisión de Familiares había una resistencia absoluta. Estaba cooptada por un personaje, César Trejo, que los manipulaba. Y estaba la tensión con el CECIM, el grupo ultra kirchnerista al que le convenía, para desacreditar al ejército argentino, que los caídos fueran NN, desaparecidos. Cuando entendí por dónde venía el conflicto, armé una mesa de trabajo y ahí fue donde se terminó la posibilidad de Trejo.

–¿Qué pasa si los familiares quieren traer los cuerpos de Malvinas?

–Lo ideal para el Estado es que estén en Darwin. Pero si la familia decide que tiene que estar en su pueblito de Corrientes, el Estado no se va a oponer.

–¿Habría apoyo oficial para el traslado?

–No corresponde, pero veríamos cada uno de los casos.

–Si fueran muchos los familiares que quisieran traerlos, ¿no sería un costo político para quien gobierne?

–Para nosotros, primero está la gente.

–¿Qué pasa, entonces, con los vuelos para familiares? Son muy pocos.

–Hay pocos vuelos comerciales, pero están los viajes humanitarios que el gobierno va a seguir realizando.

–Esos vuelos los paga Eurnekian.

–Pero si deja de pagarlos, el Estado se va a hacer cargo.

Después del encuentro organizado por la Secretaría de Derechos Humanos, María Fernanda Araujo, su madre y otros familiares de la Comisión decidieron dar una muestra de sangre. La toma se realizó en la sede de la Comisión, el 11 de abril de 2018, y no estuvo exenta de tensiones (alguien mencionó inadvertidamente la sigla «NN» y Araujo estalló), pero poco después ella y su madre fueron citadas para recibir la notificación, que fue positiva.

–Es un antes y un después. Cuando me dijeron que estaba localizado... Nosotros pensábamos que mi hermano había quedado esparcido en Monte Longdon. Les pregunté a los antropólogos si estaba muy lastimado y me dijeron: «No, estaba entero.» Eso fue otro alivio. Si yo hubiera sabido que este era el final, llevaba una botella de champagne y descorchaba.

–¿Los motivos para oponerse eran solo los argumentos de Trejo?

–Creo que la Comisión no estuvo bien vista por el gobierno de Cristina Kirchner. Nos veían como promilicos. Por ahí no se entiende que yo me lleve bien con los militares.

–¿Pudieron acercar posiciones con el CECIM?

–No. Imposible. Ellos hablan de NN. El desaparecido es el desaparecido y el muerto de la guerra es el muerto de la guerra

El 13 de marzo de 2019, María Fernanda Araujo se sumó a otro viaje de familiares al cementerio que, una vez más, fue costeado por Eurnekian. El 15 de marzo la Comisión emitió un comunicado en el que hablaba de ese viaje «para poder homenajear a 22 nuevos caídos que desde ahora poseen una tumba localizada con su nombre, luego de casi treinta y siete años de terminada la gesta de Malvinas», y agradecía a los que habían hecho eso posible, desde Claudio Avruj hasta Julio Aro pasando por el Equipo de Antropología Forense y la Cruz Roja. Todos los que, durante años, habían sido su inmenso leviatán. En septiembre de 2020, los gobiernos del Reino Unido y la Argentina firmaron un acuerdo para avanzar en una nueva etapa del proyecto: identificar los cuerpos depositados en una tumba colectiva.

Hasta octubre de 2020, ciento quince caídos en Malvinas habían sido identificados y quedaban, aún, siete sin identificar.

En esta sala, en un aparato de televisión que ya no está, Cristian Panigadi vio, a los veinte años, la noticia de que su padre, Tulio Panigadi, marino mercante y capitán del buque de abastecimiento *Isla de los Estados,* había muerto.

–Yo estaba mirando la tele y un comunicado de los milicos dijo que habían hundido el buque de mi viejo.

Ni siquiera recuerda cuándo fue la última vez que vio a su padre, ni de qué hablaron. Todo eso quedó arrastrado por el mar de intrascendencias de la vida cotidiana.

–Como era marino mercante, viajaba todo el tiempo. Así que la sensación fue que estaba de viaje. Hasta que en un punto no fue más así. Y no sé cuándo fue ese punto.

Panigadi es médico, trabaja en el área de emergencias del hospital Posadas y habla sin resentimiento, aunque no sabe nada de lo que ocurrió en el sur.

–Cuando empieza la guerra, el buque de mi viejo, el *Isla de los Estados,* que hacía el recorrido entre Buenos Aires y el área patagónica, quedó bajo bandera y lo usaron para trasladar armamento entre las islas. El 10 de mayo el barco fue atacado y lo hundieron. Salió una balsa con cuatro personas. Mi papá, el capitán militar, el ayudante de cocina y el primer oficial. El oficial murió cuando llegaron a la playa. El capitán militar y el ayudante de cocina terminaron en una casilla que se usaba para las ovejas y los rescataron. Pero durante años pensé que solo había sobrevivido el ayudante de cocina, no tenía idea de que había sobrevivido también el capitán militar.

Las versiones acerca de cómo murió su padre son varias: se arrojó al agua confiado en que podía llegar a la orilla y se lo llevó la corriente; hubo una discusión, alguien le disparó y cayó al agua, muerto; hubo una discusión, alguien le disparó y cayó al agua, vivo.

–¿Qué pasó ahí? No sé. En el año 2000, leyendo un diario, veo una entrevista al capitán militar y digo: «Oia, ¿y este de dónde salió?» Conseguí el contacto. Estaba destinado en la embajada de Roma. Lo llamé. Y no le pregunté nada. Es una persona que vivió un drama terrible. Imaginate haber estado en esa balsa, las olas, el viento, la oscuridad. Hasta me parecería razonable que hubieran peleado. Y dije para qué. El momento político de la guerra era nefasto. Usaron Malvinas como una causa nacionalista. Se jugó el Mundial, la gente iba a la plaza a vivar a Galtieri. Los diarios lo vitoreaban. Yo nunca me moví con comisiones de héroes ni de familiares. Los discursos nacionalistas y mesiánicos no me los banco. La vida humana no vale determinadas cosas. Pero cuando me llamaron para preguntarme si estaba dispuesto a dar una muestra de ADN, dije que sí enseguida. Dimos la muestra mi hermana, mi hermano y yo. Aunque no teníamos esperanza. Que un cuerpo que se había llevado el mar estuviera en el cementerio...

–¿Por qué dijeron que sí?

–Porque la omnipotencia tiene un límite. Hubiera sido fantástico darle un corte sabiendo que estaba el cuerpo en algún lado.

Tal como esperaban, lo notificaron con una exclusión: un resultado negativo. Aun así, el 13 de marzo de 2019 se sumó al viaje de los familiares. Como los notificados con una exclusión no podían llevar acompañante, solo y sin tumba Panigadi fue hasta el cenotafio y buscó el nombre de su padre.

–Me emocioné. Pero lo que más sentí fue rabia. Veía a las señoras sentadas en la tierra, vistiendo las cruces con la ropa de los caídos. Pensaba que ni el nazismo hizo esto: yo tengo que agradecer que a cuarenta años del conflicto pude ir al cementerio. Me parece terrible.

–¿Cuando llegaste allá lo sentiste como una tierra propia?

–El golpe fue sentirla ajena.

–Mira lo que conseguí –dice Mercedes Salado en el departamento del barrio de Belgrano donde vive, y apoya en la mesa de la sala una caja de cartón, celeste pastel, con una leyenda que dice «Don Us»–. ¿Lo ves? Donas. Las hacen unos venezolanos. Y quieren expandirse. Me pareció tan optimista...

El departamento está repleto de cosas: muebles, tallas del sudeste asiático, textiles de la región andina, libros, libros, libros, libros, y ejemplares del *New Yorker*. Mercedes Salado es española, forma parte del Equipo de Antropología Forense, y ella y Luis Fondebrider fueron dos de los tres peritos del EAAF designados por la Cruz Roja para trabajar en las islas. La Comisión de Familiares expresó reparos ante la elección de Salado: «Se trata de una española cuando Argentina tiene muchos forenses de prestigio, lo que evidencia un desprecio por nuestros profesionales», dijo César Trejo cuando aún formaba parte de la Comisión, exigiendo que, si el proceso de identificaciones seguía adelante, se designara como perito a Héctor Enrique Brunner, excombatiente de Malvinas y médico forense que sostenía públicamente que no había cómo hacer el trabajo sin trasladar los cuerpos al continente y que «hay restos mezclados [...] Son los restos que quedaron de una fosa común que hicieron los ingleses [...] no sería nada extraño que traten de sacarse el cementerio de encima, que es la meta final de esto».

–En todo el tema de Malvinas ha habido mucha manipulación de grupos políticamente confrontados que han tenido a los familiares como el jamón del sándwich. Hubo una ausencia fuerte del Estado, y el maltrato que ha habido a las familias es muy manifiesto, de modo que tienes que construir credibilidad para que el resultado de la identificación sea aceptado. Después de tantos años de ausencia, el Estado no se puede plantar a querer entrevistar a un familiar. La intervención en las islas, el trabajo técnico, fue una parte pequeña. Pero hubo cinco años donde se fue consiguiendo crear credibilidad. Si no se hubiera formado algo sólido, esto hubiera podido ser un desastre total, y no lo fue. Al punto que muchos familiares ahora sintieron por primera vez un respeto por parte del Estado. Se había instalado la idea de que el interés de este proyecto era sacar la presencia argentina de las islas. Costó mucho que se entendiera que identificación y traslado no eran sinónimos. Pero ahora hay familias que quieren trasladar a sus caídos y el Estado no les está ayudando. Por miedo a que se les echen encima los excombatientes. Si empiezan a trasladar cuerpos es un escándalo político.

–Según lo que encontraron al exhumar, ¿el trabajo de Cardozo fue bueno?

–Cuando la cosa viene mal, desde el principio empiezas a encontrar contradicciones entre el registro escrito y lo que sale en el terreno. Y nosotros íbamos siguiendo el registro y lo que encontrábamos se relacionaba con lo que decía la bolsa. A mí me sorprendió lo prolijo que fue su trabajo.

Mercedes Salado acompañó el primer viaje que hicieron los familiares a las islas en 2018. Cuando regresaron al aeropuerto de Ezeiza, después de dos noches sin dormir, los estaba esperando una comitiva oficial y hubo discursos de excombatientes, del ministro Avruj, de miembros de la Comisión.

–Y los familiares decían: «Nos queremos ir a casa.» Eran gente grande, los tuvieron de pie durante un rato muy largo, hubo que ir a buscarles sillas a la cafetería. La gente decía: «¿No vienen los buses a buscarnos?» ¿Y sabes qué? Yo me sentí bien, porque dije: «Vienen de entierro, la gente no viene aquí a recuperar el territorio, fueron a enterrar a sus muertos, lo que no pudieron hacer en treinta años.» Pero se tuvieron que quedar ahí. Hubo que tragarse eso.

–La abuela Elda enterró a sus tres hijos, su marido, y después se dejó morir –dice Lorna Marquez desde la ciudad de Coronda, en la provincia de Santa Fe.

Tiene cuarenta y cuatro años, es maestra de kínder. Cuando habla del teniente primero Rubén Marquez, ascendido a capitán después de muerto, lo llama «el tío Rubén». El tío Rubén vivía en Buenos Aires, estudiaba en el Liceo militar y cada tanto volvía a Coronda, un pueblo famoso por la calidad de sus frutillas, en un Citroën amarillo acompañado por su perro, Sombra.

—Cuando el tío Rubén avisaba que venía, una semana antes la abuela Elda estaba comprando cosas para cocinar.

Un día de abril de 1982, sonó el teléfono y era el tío Rubén. Pero no para avisar que iba a Coronda sino para anunciar que iba a la guerra.

—Yo tenía siete años. Él veintinueve. Era el hermano más chico de mi papá. Hoy están todos fallecidos. A mi tío Luis le estalló el corazón. Después falleció mi abuelo de una falla renal. Después mi papá, que tuvo un ACV. Y después mi abuela Elda, hace unos trece años. Un día empezó a llamar a la policía diciendo que estaban los ingleses arriba del techo y que venían a buscar a los hijos que le quedaban.

Rubén Marquez murió en la guerra antes de cumplir los treinta. Nunca se supieron los detalles, pero como era miembro del ejército la familia Marquez recibió una notificación oficial.

—Llegó alguien del ejército a decirle a mi abuela. Pero estuvimos muchos años sin saber si estaba en el cementerio o en el campo de batalla.

En 2008, Elda hizo un viaje a las islas, por su cuenta. Al llegar, repartió en bares, casas y hosterías una carta en la que pedía que, quien supiera dónde estaba enterrado su hijo, se lo dijera. Días después, alguien le dejó un mensaje anónimo en el sitio donde se hospedaba diciendo que su hijo podía estar en el sector B, fila 5, tumba 9 o tumba 10. No le importó el verbo en potencial –«podía»– y fue a buscarlas.

–Y esas tumbas no tenían nombre. Así que se arrodilló y rezó ahí. Y hoy mi tío está identificado y es la tumba 9. O sea que ellos sabían.

Una foto tomada durante ese viaje muestra a Elda Marquez mirando a cámara, con una mano apoyada en cada una de las cruces. Cuando ella murió, sus descendientes dejaron de buscar al tío Rubén. Hace dos años, alguien que trabajaba en el proyecto de identificación le preguntó a una compañera, que era de Coronda, si le sonaba una familia Marquez. La compañera dijo que sí y llamó a su hermana, que vivía en esa ciudad. Y esa hermana dijo que, en efecto, conocía a la familia Marquez, uno de cuyos miembros había muerto en las islas.

–Así que fue todo de casualidad. Nos llamaron y enseguida dijimos que sí. Ni idea teníamos de que la Comisión se oponía. Yo ahora estoy en la Comisión, pero en ese momento no conocía a nadie. Y cuando te dicen que lo encontraron... sentís que te sacás un peso de encima. Lo que no entiendo es cómo el ejército, la institución a la que pertenecía mi tío, no dio esa información, con la que hubiese sido fácil encontrarlos mucho antes. Los forenses me preguntaban: «¿Te acordás cuánto medía, si tenía una fractura?» Y yo les decía: «No, yo tenía siete años pero el ejército seguro sabe.» Y me decían: «No, no hay registro.»

–No me faltó nada. A mí no me faltó nada.

Delmira Cao sube trabajosamente las escaleras hasta el primer piso del departamento donde vive, en el piso superior de una construcción de dos plantas que su marido levantó para toda la familia –padre, madre, cuatro hijos– y en el que ahora quedan ella y sus hijas mujeres, Graciela y Viviana. Tiene más de ochenta años, suéter carmesí, zapatillas Nike, pantalón negro brillante, las uñas pintadas de color rojo. En el departamento, las hornallas de la cocina están encendidas. Por la ventana se ve, alto, el pino que apenas asomaba de la tierra cuando su hijo Julio se fue de esta casa, más de treinta y cinco años atrás.

–Ese pino era así bajito, y mirá ahora.

Delmira es una de las sobrevivientes de la familia arrasada. Primero murió el hijo en la guerra. Después murió el padre del hijo. Después murió el hijo que quedaba. El departamento era parte de la fábrica de acero que había montado su marido, Julio, llamada Yudel («Por Julio y Delmira»), y está en un barrio de fábricas y casas bajas del conurbano bonaerense. En los años buenos compraron tierra, edificaron esta vivienda, otra enfrente, imaginaron un retiro en Mar del Plata.

–Pero cuando él se murió todo se vino abajo. Yo vendí las máquinas y ni siquiera sé qué hice con los cheques. Si no podía ni pensar.

Antes de que eso sucediera llevaban una vida plácida. Julio, uno de sus dos hijos varones, era maestro de escuela. El 30 de marzo de 1982 había marchado a la plaza de Mayo para unirse al reclamo que los gremios hicieron aquel día. Regresó tarde, la voz gastada de tanto gritar contra Galtieri. Tenía veintiún años, estaba casado desde los diecinueve con Clara, que le llevaba una década y que, para entonces, estaba embarazada de cinco meses.

–Dos días después de esa marcha, vino y me dijo: «Mamá, están convocando a Malvinas, voy a ir.» Le dije: «¡No podés, estás casado, vas a tener una hija!» Y me dijo: «Yo no podría hablarles a mis alumnos de nuestros próceres, de Belgrano y San Martín, si dejo a mis compañeros ir solos a defender a la patria.»

¿Puede un maestro de veintiún años que dos días antes gritaba «Galtieri, hijo de puta»; que se llevaba mal con su propio padre por considerarlo un capitalista explotador de obreros, despedirse con palabras de bronce? Delmira dice que sí. Contra la voluntad de su familia, con su mujer embarazada, Julio Cao se fue a la guerra. Su madre pasó esas semanas en la iglesia, quemándose de tanto rezar. Hasta que el conflicto terminó.

–Avisaron que los soldados volvían al cuartel, así que fueron a buscarlo la mujer, embarazada de ocho meses, mi hija Graciela, mi hermano.

Pero no lo encontraron. Algunos soldados que lo habían conocido se quedaban boquiabiertos al ver a la embarazada que no sabía que era viuda.

–Nadie decía nada. Había un coronel. Le pidió el teléfono a mi hermano y le dijo que volviera a la casa, que ya iba a tener noticias. Y ese día, más tarde, lo llamó y le dijo que Julio había muerto. Mi hermano nos avisó. Fue un desastre.

Pero, si sabían que Julio estaba muerto, no sabían la fecha, ni la manera, ni el lugar. Dos días después llegó a casa de Delmira un hombre repleto de respuestas.

–Era Walter Neira, un excombatiente que había estado con Julio. Y me contó que había muerto pulverizado por una bomba.

Y eso –pulverizado por una bomba– fue lo que después –en miles de entrevistas y discursos– Delmira repitió: «Mi hijo fue pulverizado por una bomba, de mi hijo no queda nada.»

–Mi marido se deprimió y en 1990 murió de cáncer. Durante el velorio, mi hijo Roberto decía: «Esta familia se queda sin hombres.» Le pregunté qué quería decir y me dijo: «Es que yo anduve con una mujer que murió de HIV, seguro que tengo.» Fuimos a hacerle el análisis y dio positivo. Empecé a los gritos. «¡¡¡Uno en la guerra, mi marido murió no hace ni un mes y ahora este hijo!!!» Antes de morir, en el 96, me dijo: «Los veteranos son tus hijos, acercate a ellos.» Y los veteranos fueron mis hijos. Pero mis hijas odiaban eso. Tenían odio contra los militares. Viviana quedó con una depresión terrible. Graciela con un odio... Yo decía: «Malvinas» y ellas me decían: «Callate.» Cuando estaba en la Comisión, ellas decían que había gente de los servicios de inteligencia que me iba a usar.

–Cuando usted estuvo en la Comisión, se oponía a las identificaciones.

–Sí. La postura de la Comisión era redura. Pero el miedo era que los trajeran para acá. Todas nos oponíamos. Después, cuando vino María Fernanda Araujo, se dieron vuelta todas. Está bien, porque yo también lo hice. Pero no había una que dijera que sí.

–Aunque la Cruz Roja explicaba que no los iban a traer, ¿no le creían?

–No. No les creíamos. Yo decía: «Total, todos están muertos. Da lo mismo.» Yo no tenía interés porque creía que no había nada de Julio.

Pero había. Hace un tiempo, Delmira supo que la versión de la muerte de su hijo en la que había creído durante más de treinta años era una versión equivocada.

–Un tiempo atrás, Walter Neira muere. Y sale Esteban Tries por la televisión. Tries es un excombatiente muy amigo mío, lo amo. En ese programa cuenta que a Julio lo habían enterrado los compañeros, que no estaba pulverizado. Mi hija Viviana me dice: «Mamá, ¿eso es cierto? Dame el teléfono de Tries que lo voy a llamar.» Lo llama y le pregunta si es cierto que hay restos de Julio. Y Tries le dice que sí. Y Viviana me dice: «Quiero que nos hagamos el

ADN.» Y le digo: «Bueno, hija, si ustedes quieren, yo no tengo problema.» Porque yo nunca había podido hablar con ellas de eso. Dimos la muestra y en quince días nos dieron el resultado. Positivo. A mi hija Viviana esto le salvó la vida. Estaba con una depresión terrible y es otra persona.

–¿Usted conocía a Esteban Tries?

–De toda la vida.

–¿Nunca le había dicho cómo había muerto su hijo?

–No querían pasar sobre la historia que había contado Walter Neira. Además, yo he salido en miles de discursos diciendo que de mi hijo no había quedado nada. No querían ir contra mí. Pero nosotros a Neira lo amamos. Estaba en una guerra. Habrá salido corriendo con su miedo. Es lógico.

–¿Se arrepintió de no haber dado antes la muestra?

–Sí, me arrepentí. Yo decía que me daba lo mismo porque de mi hijo no quedaba nada. Pero hoy te puedo decir que no es lo mismo. Con los que teníamos problemas era con Julio Aro y con el CECIM, que decían que nuestros hijos eran desaparecidos. Pero a Julio Aro lo encontré y lo abracé.

–¿El problema con Aro cuál era?

–Era más un problema de César Trejo, que es otro veterano. Una gran persona, pero tiene su manera de pensar. Me quiere como si fuera la madre. Me adora. Y yo a él.

Esteban Tries acaba de ducharse y, cuando baja a abrir la puerta del edificio donde vive, todavía lleva el pelo mojado. Es muy flaco, usa un suéter de lana de cuello redondo que le da un aspecto desabrigado. En su departamento, un sexto piso en el barrio de Parque Chacabuco, nada parece fuera de lugar, como si las cosas hubieran sido empujadas para quedarse donde están. Vive solo. Pertenece a un grupo llamado Malvinas, Educación y Valores, que difunde el tema en colegios, y trabaja en el Instituto Superior de Seguridad Pública, donde se forma al personal de la policía de seguridad. Él los llama «los pollitos». Fue a la guerra con diecinueve años y después pasó mucho tiempo desempleado. Vendió autos, fabricó ropa, distribuyó una marca de jeans, y un día lo dejó todo para abocarse a «la gesta».

–Yo también me oponía a las identificaciones. Porque un legista forense, Brunner, nos decía que la única forma de hacerlas era traerlos al continente. Y los familiares decían «No» y nos alineamos con ellos. Hoy nos demostraron que fue distinto. Los familiares están sonrientes y agradecidos. Le pedí disculpas a Julio Aro. Él había ido a verme unos ocho años atrás, cuando empezó con todo este tema, y me dijo: «Esteban, vamos a hacer esto.» Y le dije: «Sos una basura.» Cuando volvieron los familiares del primer viaje a Malvinas lo encaré y le dije: «Te pido disculpas por todos los insultos. Porque ver a los familiares como los veo hoy justifica todo.»

Esteban Tries parece el hombre clave en un engranaje que empieza con un excombatiente –Walter Neira– que le cuenta a una madre –Delmira Cao– algo que creyó ver, y que sigue con esa madre tomando una decisión –oponerse a las identificaciones– basada en un dato errado.

–Yo me enteré de cómo murió Julio a mediados de 2017, por otro excombatiente, Héctor Rebasti. Rebasti me dijo que en un centro de salud para veteranos de guerra había escuchado a un excombatiente contar que había visto que Julio Cao había quedado pulverizado. Rebasti sabía que no, que la onda expansiva lo había matado pero que estaba entero y que ellos lo habían enterrado. Y se da cuenta de que el excombatiente que contaba eso era Walter Neira. Cuando Rebasti me cuenta eso le digo: «Le tenés que contar a Delmira, ella tiene la fantasía de que su hijo está desintegrado.» Pero no se animó. Después Neira murió, y cuando me invitaron a la televisión conté cómo había muerto Julio Cao, para homenajearlo. A partir de eso, Delmira cambió de opinión.

–Cuando lo contaste en televisión, ¿no pensaste que la familia de Julio Cao podía estar viendo?

–Es que yo con Delmira ya lo había hablado. En la intimidad.

–¿Qué te dijo?

–Se quedó así, no me dijo nada. No me dijo ni «Lo vamos a incorporar», nada. Y para mí ella es la referente.

–Una vez nos dieron un premio el día del ejército, y me preguntaron por qué ellos, el ejército, no estaban dentro del proyecto –dice Julio Aro–. Y les dije: «La primera vez que vine a buscar información acá me sacaron corriendo.» Tenían una persona, un exsoldado, Esteban Tries, que cuando fui a verlo me dijo: «Mis compañeros están en el cielo, no hace falta buscar nada.» Cuando se hizo el trabajo de identificación, vino y me dijo: «Perdón y gracias.» Tomatelá. Con tan pocas palabras hizo tanto daño. Por él, y por gente que pensaba como él, Delmira Cao se oponía a las identificaciones. Nos decía: «Va ser un carnaval de huesos.»

–¿Por qué había tanto rechazo en la Comisión?

–Sigue habiendo. En el cementerio que hizo Cardozo, la tumba C1.10 tiene una cruz que dice que ahí están enterrados Sánchez y tres NN. En 2004, Eurnekian hizo las nuevas cruces. ¿Y sabés qué dice la cruz de la tumba C1.10 desde ese año? Dice «Sánchez» y tres nombres más. ¿No eran tres NN? ¿De dónde aparecieron esos tres nombres? ¿Quién hizo eso? Los ingleses no lo hicieron. Alguien le dio a Eurnekian una lista de cómo iban los nombres. ¿Quiénes son esos tres que están ahí? La resistencia que existe es por el miedo a esas cosas.

Una mañana de agosto de 2019, César Trejo entra con ímpetu a la confitería de Rivadavia y avenida La Plata, como si quisiera arrastrar con él los edificios y la calle. Es un hombre fornido que, apenas sentarse, después de contar que hizo el servicio militar y le dieron la baja el 23 de diciembre de 1981, que lo reincorporaron el 9 de abril de 1982 para enviarlo a la guerra, desliza que cuando llegó al cuartel encontró a sus compañeros en «estado de algarabía».

–Que era la misma que estaba en las calles y las plazas –dice, como quien quiere decir «yo me acuerdo».

Habla con retórica abigarrada, montando bloques de frases como «la dialéctica del amo y el esclavo», «la producción simbólica de las élites», «el campo popular», «la guerra híbrida».

–Esto no se entiende sin entender dos cosas. Primero, que este es un conflicto abierto, y entonces todo lo que ocurre en la relación argentino-británica, incluyendo el tema del cementerio y las pericias, es parte de un concepto actual de guerra híbrida: el conflicto se extiende a todos los planos. La política, la cultura, la producción simbólica, los medios de comunicación. Y el segundo elemento es la propia cultura británica, que te la voy a explicar.

Explica –dando un amplio rodeo que da cuenta de la vida y obra de Rudyard Kipling– la base de la doctrina militar británica: enterrar a sus caídos donde han muerto para sembrar el mensaje de que, si por allí pasó un soldado de su majestad británica, puede volver a pasar. La conclusión, dice, es evidente: la finalidad de las identificaciones es preparar un traslado masivo de los cuerpos al continente y borrar la presencia argentina de las islas.

–El informe del teniente coronel Cardozo es un desastre. Es una verdadera desprolijidad. Se nota que hay un apresuramiento.

–El Equipo Argentino de Antropología Forense señala que el listado de Cardozo fue muy bueno y que la forma en que preservó los cuerpos facilitó el trabajo.

–Si uno les da crédito a ellos. Yo no les doy crédito. Todo estuvo viciado. ¿Cómo puede ser que hayan aparecido cédulas de identidad, libretas, cartas, con muy poco deterioro? ¿Cómo no fueron usadas para la identificación en su momento?

–Cardozo trabajó de forma precaria. Ahora trabajaron con tecnología.

–Lo cual demuestra que hubo apresuramiento. ¿Y esa documentación estaba ahí o fue extraída y devuelta?

–¿Cuál sería el beneficio de haberla extraído y devolverla ahora?

–Es una incógnita.

Trejo explica las condiciones favorables y desfavorables para la preservación del papel, las distintas etapas psicológicas del duelo.

–¿Y de dónde surge la iniciativa de las pericias? No de las familias, sino de una visita que hacen tres excombatientes argentinos a Londres. Son recibidos por un oficial inglés que les entrega un sobre y les encomienda la identificación.

–Les da un sobre, pero ¿de dónde surge el dato de que les encomienda la identificación?

–Es obvio. Nosotros suplimos desde el principio que el objetivo era trasladar los cuerpos.

–¿La identificación en qué cambiaría ese supuesto objetivo de trasladarlos? Los podrían trasladar, identificados o no.

–No, en principio, a ver... Primero está la procedencia de la iniciativa, que es inglesa.

–¿Usted no cree que el encuentro entre Cardozo y Julio Aro haya sido casual?

–No. Pensar eso es imbecilidad. Además, se usa la palabra «identidad». El concepto de identidad en la Argentina tiene una enorme carga que proviene de los desaparecidos.

–Por eso el término «desaparecido» y el concepto NN se quitaron del Plan Proyecto Humanitario.

–Lo que te quiero explicar es que la iniciativa nace con un concepto erróneo: la identidad. En los caídos argentinos no hay problemas de identidad. Nosotros hablamos de localización. Los muertos de Malvinas no pueden ser homologados con la situación de terrorismo de Estado y los desaparecidos. El concepto de víctima congela ontológicamente a la persona.

–Usted mencionó el campo popular. El campo popular no hace esas distinciones de campos semánticos que usted está haciendo.

–No, pero para que me entiendas... Los que tienen una representación simbólica significativa son los que han tenido prensa, como el CECIM.

–María Fernanda Araujo, presidenta de la Comisión, también tuvo prensa y estaba en contra.

–Hasta que cambió de postura.

–Dice que la identificación de su hermano fue muy reparadora.

–La Comisión en ningún momento manifestó oposición a la identi..., a la localización de la tumba.

–Había gente de la Comisión que llamaba a los familiares para que no dieran muestras.

–Está bien, pero lo fundamental es que es espuria la argumentación. Se reclamó que no se hablase de identificación. Y que un perito participase en el trabajo. Un médico, abogado forense y excombatiente de Malvinas, Enrique Brunner.

–Brunner dijo que la única forma en que se podía hacer este trabajo era sacando los cuerpos de las islas. Y no era así.

–Dijo una vez eso. Pero en una cosa que yo tengo grabada explica todo el proceso y…, a ver…, eso no anula su capacidad tanto jurídica como médica en la ciencia forense.

–El Equipo Argentino de Antropología Forense es una referencia mundial.

–Madonna es referencia mundial. No canta bien ni baila bien.

Es viernes 26 de abril de 2019. Llueve desde temprano y caudalosamente. A las diez de la mañana, Mabel Godoy abre la puerta de un edificio en el centro de Lomas de Zamora, conurbano bonaerense. Carga una bolsa con medialunas, una botella de Coca-Cola. Tiene cincuenta y cuatro años, un pelo rubio que parece haber llegado directamente desde el look desfachatado de los sesenta.

–Cómo llueve, se viene el mundo abajo –dice, entrando en su departamento, donde una perra caniche ladra como un juguete histerizado.

Apoya las medialunas sobre una mesa y empieza a preparar café. Una cortina deja pasar, apenas, la luz lacrimosa de la mañana.

–Sentate mientras esperamos a Nora.

Nora es Nora Rodríguez, hermana de Víctor Rodríguez. Tenía cuatro años cuando su hermano se fue a la guerra, cuatro cuando lo mataron, cuatro cuando su madre, Benigna, empezó a buscarlo enloquecidamente, y cuatro cuando Mabel Godoy, la novia de Víctor, acompañaba a Benigna a buscarlo a todas partes.

El timbre suena poco después y Mabel abre la puerta intentando acallar a la perra. Nora está en el pasillo, empapada, el pelo muy lacio y largo, cuarenta y dos años que parecen menos.

–¿Dónde dejo el paraguas? –pregunta, sonriendo.

Mabel le dice que ahí nomás, en el piso.

–Con Nora no nos vimos por más de veinte años.

Aunque ambas viven en Lomas de Zamora, se habían visto por última vez en 1995 en el velorio de Fidel, otro hermano de Nora que murió de leucemia. Benigna, su madre, murió en 2004. Fermín, su padre, en 2017. Para entonces, Nora ya estaba casada y tenía una hija.

–Y hace un año –dice Mabel, sirviendo café– entro a una juguetería con mi nieto. La veo y le digo: «Disculpame, ¿nos conocemos?» Y ella me dice: «Sí, yo soy Nora Rodríguez.»

Como si en algún momento hubiera tomado nota mental y de pronto lo hubiera recordado, Nora dice:

–Siempre te estoy por preguntar y nunca me acuerdo, Mabel. Mis viejos se separaron después de la guerra. ¿Ese fue el motivo? ¿La guerra? ¿O ya venían mal?

–No, no. Venían mal –dice Mabel, única depositaria de los recuerdos de esa familia de la que no queda nadie–. Víctor me decía: «Mi casa no está bien.» Tu papá, Fermín, era un tipo callado. La que iba y venía buscando a Víctor después de la guerra era tu mamá.

–Por eso. Yo pensé que a lo mejor eso fue lo que hizo que ella, al ver que mi papá no hacía nada...

–No, no. No fue por eso –dice Mabel–. Ya venían mal.

Mabel y Víctor se conocieron cuando ella

tenía quince en una peregrinación religiosa y se hicieron novios.

–Cuando empezó la guerra se cortó el pelo y me decía: «Me estoy preparando.» Era en joda. Hasta que un día llegó a casa a las cinco de la mañana y me dijo que lo habían convocado. Así que me levanté, y con mi hermana lo acompañamos a tomar el colectivo. Fue: «Chau, chau, ahí viene el colectivo, dale que se va.» Se tomó el 318.

El colectivo se perdió en la madrugada y Mabel se quedó ahí, como la víctima impávida de un derrumbe. Nora, en cambio, no recuerda nada.

–Yo no hablaba con mis viejos. Sabía que había ido a la guerra. Pero nada más.

–Tenía el color de ojos de tu papá: celeste cielo –dice Mabel.

La guerra terminó y Benigna, sin noticias de su hijo, empezó a buscarlo en los cuarteles, en los hospitales.

–Yo la acompañé –dice Mabel–. Y ahí empezó el caos. En la tele decían: «Los familiares deben concurrir a Campo de Mayo.» Íbamos y había filas de gente. Días enteros. Yo trabajaba en una fábrica de ropa interior, pero dejé el trabajo y vendí el equipo de música para poder acompañar a Benigna. En todos lados nos decían: «No tenemos novedades, vaya para tal lugar.» Pasaron meses y...

Se detiene y mira a Nora de soslayo.

–Esto nunca te lo conté. La llaman a tu mamá un día y le dicen que tu hermano está vivo en el hospital Río Santiago, de La Plata. Tu mamá ya había llorado días enteros y se había convencido de que el hijo no iba a volver. Y le hacen ese llamado. Y va, y era otro Víctor Rodríguez.

–¿Y qué le dijeron? –pregunta Nora.

–«Nos equivocamos.» Pero después pasó otra cosa peor. La citaron del Ministerio de Defensa. Vamos las dos. Había muchas familias. La llaman. Sube. Con un soldado. Baja a los quince minutos. Supercontenta. Radiante. Le pregunto: «¿Qué le dijeron?» Y me dice: «Que no pierda las esperanzas, que hay chicos prisioneros que están en Malvinas, que a algunos los llevaron a Inglaterra. Me preguntaron con quién vine, les dije que estás vos y me dijeron que subas.» Bueno, subo. Con el soldado. Una oficina gigante, un tipo con uniforme militar me dice que tome asiento. Estaba con un expediente que decía «Víctor Rodríguez», con letras rojas. Yo ya sabía que cuando aparecían con letras rojas era que estaban fallecidos. Me pregunta cuántos años tengo. Le digo: «Dieciséis para diecisiete.» Y me dice: «Ah, sos chica y sos grande.» Agarra el expediente y me dice: «Este chico, Víctor Rodríguez, era un gran chico, pero el mundo está lleno de grandes chicos.» Yo lo miraba. «Este chico falleció en Monte Longdon el día 10 de junio. A tu suegra le dije que había prisioneros, porque viste cómo son las madres.» Y me dice: «Si vos querés, contaseló.» O sea, el tipo me estaba dando a mí la responsabilidad que era de él. Me levanté y le dije: «Son unos hijos de puta.» Pegué media vuelta y me fui. El soldado me acompañó a bajar y cuando íbamos subiendo al ascensor me dice: «Tenés razón.» Yo no le contesté. Se abrieron las puertas del ascensor y en esa caminata, cruzando el hall para encontrarme con Benigna, tuve que decidir qué le decía. Y la veo con una sonrisa de oreja a oreja. Me pregunta: «¿Y? ¿Qué te dijeron?» Y yo le dije: «Lo mismo que a usted, Benigna.» En el colectivo 28 volví mirando por la ventana. No la podía ni mirar.

–¿Tu madre pensó que estaba prisionero?

–Sí, mucho tiempo –dice Nora, secándose los ojos con una servilleta de papel.

–¿Y quién le dijo que estaba muerto?

–Nadie. Yo calculo que fue esperar y que nunca llegara.

Cuando se reencontraron en aquella juguetería, Mabel y Nora no tenían contacto con la Comisión de Familiares ni sabían de las identificaciones. Y siguieron así un buen tiempo hasta que un día, por casualidad, Mabel encontró en Facebook a un excombatiente que había sido amigo de Víctor y lo contactó.

–Él me dijo que estaban trabajando en las identificaciones, y yo le dije que esto era algo que Nora tenía que saber.

–Yo lo quise hacer enseguida –dice Nora–. Este excombatiente nos contactó con Derechos Humanos y dije que sí. Inmediatamente.

–¿Pero sabían que la Comisión se oponía?

–Ah, no, no sabía –dice Nora, extrañada–. ¿Y por qué?

–Yo tampoco sabía –dice Mabel.

–No, no tenía ni idea –dice Nora–. Cuando me tomaron la muestra, me preguntaron si mi hermano era zurdo, si estaba fracturado, pero yo decía: «No sé nada, yo tenía cuatro años.» Eso fue en julio de 2018. Y en noviembre me llamaron porque estaban los resultados. Entonces la llamo a Mabel y le digo: «¿Vos podés ir conmigo?» Fuimos juntas. Y era positivo. Nos die-

ron una carpeta. Una medallita. Mabel me dijo:
«Es de él, es una medallita que le regalé yo.»

–Una Medalla Milagrosa –dice Mabel.

–Y un documento que no era de él. Era de
un combatiente que se llama Mario Gómez.
Nos preguntaron qué queríamos hacer y yo
dije: «Esto tiene que ir a la familia de Gómez.»
Y resulta que Mario Gómez estaba vivo. Casi se
muere cuando lo llamaron. Le preguntamos
por qué mi hermano tenía su documento y nos
dijo que él lo había perdido varias veces, que
mi hermano era supercuidadoso y se lo guar-
dó. Pero fijate qué trabajo prolijo que hizo Geoffrey Cardozo. A mi hermano lo podría haber
enterrado como Mario Gómez. Y prefirió la
duda. Después fuimos con Mabel a Malvinas,
en el viaje de este año. Fue lindo. Duro pero
lindo. Todo tan desolado. Yo me traje algunas
piedritas. A todos se las sacaban, pero yo me
metí tres piedritas en la media y las pasé.

–Yo las mías las metí en el bolsillo de la campera y no me las sacaron –dice Mabel.

Eso les queda. Seis piedras blancas.

Le dieron un peine. Un crucifijo de plata.
Una carpeta con un informe técnico, imágenes
de un ataúd, de una dentadura, fotos con epí-

grafes: «Conducción del féretro a la reinhumación», «Féretro dispuesto en la tumba». Antes de eso, hubo una vida corta.

–Yo siempre junto cosas, acumulo. A veces pienso que fue porque cuando era chica no tuve nada. Ni una sábana mía, ni una almohada mía. Mis hijos me dicen: «Mamá, para qué todos estos frasquitos.» Yo digo que será porque nunca tuve nada.

Adriana Rodríguez Guerrero, cincuenta y siete años, madre de cuatro hijos, habla con el susurro tímido y sumiso con que los creyentes se confiesan. Está en la sala de su casa en Lomas de Zamora. El comedor, a pesar de lo que acaba de decir, es despojado. Además de la mesa hay un sofá, un televisor, una vitrina sobre la que se apoya, enmarcada, una camiseta de fútbol en la que se lee la palabra «Lobito». Al pie, una foto de Gustavo Rodríguez, el hermano de Adriana, vistiendo esa camiseta.

–Me enteré hace poco que en el club le decían Lobito –dice Adriana con la mirada baja, recorriendo la trama del mantel con las uñas pintadas de un violeta cansado.

Vivían en el campo, en la provincia de Santiago del Estero. Cuando ella tenía cuatro y él tres, sus abuelos fueron a buscarlos porque la madre no se ocupaba de ellos, y los llevaron a Lomas de Zamora, donde se criaron en casas de parientes que, a los catorce, la mandaron a trabajar como empleada doméstica.

–Mi hermano empezó a trabajar en lo que conseguía. Dormía donde lo agarraba la noche. Nunca tuvo casa.

En 1981, a los diecinueve, Adriana se casó con Mario, el hombre que aún es su marido, y su hermano fue convocado al servicio militar.

–Todavía estaba haciendo el servicio militar y nos avisaron que lo mandaban a Malvinas. Mi primer hijo había nacido hacía un mes, así que fuimos a verlo con mi marido y el bebé. Nos sentamos en el pasto, conversamos. No teníamos conciencia de que se iba a una guerra.

Ese día se despidieron sin tragedia, como si fueran a volver a verse. Después hubo cartas, unas encomiendas y, finalmente, silencio. Gustavo estuvo muerto durante cinco días –del 11 al 16 de junio– sin que su hermana lo supiera.

–Terminó la guerra y toda esa semana algunos tíos fueron a averiguar a La Plata. Pero nadie te sabía decir nada. Cuando llegaban los colectivos trayendo a los soldados íbamos a buscarlo. Mirábamos los noticieros buscando la cara. Al final, alguien fue a avisar a la casa de mis abuelos y mandaron a unos vecinos a avisarme. Pero me enteré cómo había muerto veinticinco años después, en 2007. Un excombatiente me buscó durante años, vino y me contó. Mi hermano estaba en el casino de suboficiales, en la parte de cocina. Justo había entrado para hacer la guardia. Y pasa un avión y cae una bomba. Se le cayó el techo encima y murió.

A lo largo de más de tres décadas, Adriana no recibió notificación oficial del fallecimiento de su hermano ni datos acerca de cómo se había producido; no fue contactada por funcionarios de ningún gobierno ni por el ejército que lo llevó a la guerra. Un día de 2008, un excombatiente tocó el timbre en su casa.

–Era Julio Aro y me preguntó si yo quería saber dónde estaba mi hermano. A mí me parecía bárbaro lo que él estaba haciendo, pero le dije que no. Que era un soldado argentino solo conocido por Dios y que me alcanzaba. Años después me llamaron de Derechos Humanos para preguntarme si quería hacer el ADN. Y les dije: «No, esto es todo mentira, todo política.» Si nunca habían hecho nada, nunca habían aparecido ni llamado.

Pero en 2018 supo –viendo las fotos de las lápidas en Facebook– que dos soldados, compañeros de su hermano, habían sido identificados.

–Y dije: «No puedo ser tan egoísta.» Así que me contacté. Me preguntaron si podía ir a la Esma para hacer la entrevista. Yo pensé que iba a estar lleno de milicos. Pero fue un recibimiento tan cordial, tan humano, tan humilde. La delicadeza con la que los forenses me hablaron, con que me preguntaban cómo era mi hermano, la altura que tenía. No fue una cosa que dolió o que me angustió.

Poco después volvieron a llamarla y la citaron para la notificación. Fue acompañada por algunos de sus hijos que ni siquiera habían conocido al tío muerto, y escuchó la lectura del informe que decía que su hermano estaba en la tumba número 19. Le entregaron, además, una cadena de plata y un peine.

–Yo pensé que en estos treinta y siete años ya había llorado, ya había hecho el duelo. Y no. Se ve que todavía lo esperaba. Pero a partir del reconocimiento ya se hizo un corte. Antes me imaginaba que habían hecho un pozo y los habían tirado a todos adentro. Nunca me imaginé que lo habían puesto en una tumba. Yo no puedo entender que no nos hayan contado que Geoffrey Cardozo había hecho ese trabajo. Y le doy gracias a Dios, porque Cardozo le dio una santa sepultura. Fue un alivio tremendo. Dije: «Señor, no lo abandonaste en ningún momento.» Yo fui al viaje de los familiares este año. Y cuando vi ese lugar... A mí me podés decir que tiene petróleo, lo que quieras, pero lo que pensé fue: «¿Por esta mierda Gustavo se murió?»

Le quedan pocas fotos de su hermano –«eran caras»–, y no pudo traer de Malvinas ni una piedra –«en el bolsillo me había quedado una piedrita y me la sacaron»–, pero tiene cartas que él envió desde las islas: «Miércoles 21 de abril de 1982 [...]. Hoy la verdad que ocurrió algo muy lindo acá donde estamos nosotros. Vino el presidente Galtieri. El general Lami Dozo, toda gente importante. También vino ATC y tuve el honor de conocer a Gómez Fuentes. Gómez Fuentes nos filmó. ¿Sabés qué lindo que fue eso? La verdad que eso nos da un gran aliento. ¿Sabés, Adriana? Yo en televisión. Los otros días también estuvo Canal 11. Ya ves Adriana que yo por eso me siento muy bien.» Gómez Fuentes conducía el noticiero de ATC, el canal público. Lami Dozo era el comandante de la fuerza aérea.

–Para él en ese momento fue gente importante. Pero para mí fue basura esa gente. Con
tan poco se conformaba. Será que nosotros
nunca tuvimos nada y no nos rodeamos con
gente así, como él dice, importante.

En 1981, cuando ella se casó, ya existían los
VHS, pero los precios de las grabaciones eran
inalcanzables. Para tener al menos un registro
en audio, su boda se grabó en dos casetes TDK.
Un día, mientras su hermano estaba haciendo
el servicio militar y la guerra no era siquiera
una posibilidad lejana, fue a visitarlo al cuartel. Su marido le había regalado un grabador y
en uno de los casetes del casamiento había
quedado algo de cinta libre.

–Me fui al regimiento con el grabadorcito
y el casete y lo grabé.

En esa charla Gustavo tiene dieciocho años,
está completamente vivo y se queja de cosas
que, poco después, parecerán banales: dice que
los oficiales los despiertan en medio de la noche, que les dan un minuto para vestirse, que si
no cumplen los castigan, que no les permiten
quedarse con la comida que les llevan las visi-
tas. No sabe que meses después una bomba lo
exterminará en el Atlántico Sur, que su hermana pasará treinta y cinco años sin saber dón-

de está enterrado, veinticinco sin saber cómo murió.

–Hace unos años volví a escuchar esa grabación. Es muy triste. Siempre pienso que si él hubiera estado con nosotros todo hubiera sido distinto. Él tendría sobrinos, estaríamos juntos. En cambio, no me quedó nada. Me quedaron las cartas. Me quedó el perfume que usaba.

–¿Qué perfume era?

Como si despertara de un trance, levanta los ojos del mantel y dice:

–Wild Country, de Avon. Ese perfume no se me va más.

Títulos de la colección

12. **Marta Sanz,** Monstruas y centauras. Nuevos lenguajes del feminismo

13. **Santiago Gerchunoff,** Ironía On. Una defensa de la conversación pública de masas

14. **Sara Mesa,** Silencio administrativo. La pobreza en el laberinto burocrático

15. **Albert Lladó,** La mirada lúcida. El periodismo más allá de la opinión y la información

16. **Albert Lladó,** La mirada lúcida. El periodisme més enllà de l'opinió i la informació

17. **Manuel Arias Maldonado,** (Fe)Male Gaze. El contrato sexual en el siglo XXI

18. **Vicente Molina Foix,** Kubrick en casa

19. **Sandro Veronesi,** Salvar vidas en el Mediterráneo. Un panfleto íntimo contra el racismo

20. **Lucía Lijtmaer,** Ofendiditos. Sobre la criminalización de la protesta

21. **Cristina Fallarás,** Ahora contamos nosotras. #Cuéntalo: una memoria colectiva de la violencia

22. **Martín Caparrós,** Ahorita. Apuntes sobre el fin de la Era del Fuego

23. **Román Gubern,** Un cinéfilo en el Vaticano

24. **Jordi Ibáñez Fanés,** Morir o no morir. Un dilema moderno

25. **Slavoj Žižek,** Pandemia. La covid-19 estremece al mundo

26. **Slavoj Žižek,** Pandèmia. La covid-19 trasbalsa el món

27. **Billy Bragg,** Las tres dimensiones de la libertad

28. **Clément Rosset,** El lugar del paraíso. Tres estudios

29. **Paul B. Preciado,** Yo soy el monstruo que os habla. Informe para una academia de psicoanalistas

30. **Miguel Ángel Hernández,** El don de la siesta. Notas sobre el cuerpo, la casa y el tiempo

31. **Pablo Nacach,** Amor maestro. Instrucciones de uso

32. **David Trueba,** Ganarse la vida. Una celebración

33. **Roberto Calasso,** Cómo ordenar una biblioteca

34. **Roberto Calasso,** Com ordenar una biblioteca

35. **Salvador Macip,** Lecciones de una pandemia. Ideas para enfrentarse a los retos de salud planetaria

36. **Salvador Macip,** Lliçons d'una pandèmia. Idees per fer front als reptes de salut planetària

37. **Leila Guerriero,** La otra guerra. Una historia del cementerio argentino en las islas Malvinas

Leila Guerriero (Junín, 1967) es periodista. Escribe en diversos medios de América Latina y España: *La Nación* y *Rolling Stone,* de Argentina; *El País,* de España; *Gatopardo,* de México, entre otros. En Anagrama ha publicado *Una historia sencilla, Zona de obras, Plano americano* y *Opus Gelber. Retrato de un pianista.*

La otra guerra
Una historia del cementerio argentino en las islas Malvinas

En 1982, tras la guerra entre Argentina y Gran Bretaña por las islas Malvinas, el ejército inglés ordenó al oficial Cardozo que identificara a los soldados argentinos fallecidos en ese territorio y diseñara un cementerio para albergarlos. Los resultados de su trabajo llegaron al gobierno argentino, que no los hizo públicos ni los dio a conocer a los familiares de los caídos, de modo que estos permanecieron sin identificar. Este libro narra los esfuerzos, exitosos y recientes, por restituir una memoria opacada por la inacción institucional, el orgullo nacionalista y la sombra de la dictadura.